商业新闻出版公司和轻松读文化事业有限公司提供内容支持

决策
可以走直线

轻松读大师项目部　编

中国盲文出版社

图书在版编目（CIP）数据

决策可以走直线：大字版/轻松读大师项目部编 . —北京：中国盲文出版社，2017.4
ISBN 978－7－5002－7860－3

Ⅰ.①决…　Ⅱ.①轻…　Ⅲ.①企业管理—经营决策
Ⅳ.①F272.31

中国版本图书馆 CIP 数据核字（2017）第 083619 号

本书由轻松读文化事业有限公司授权出版

决策可以走直线

编　　　者：轻松读大师项目部
责任编辑：黄巧莉
出版发行：中国盲文出版社
社　　　址：北京市西城区太平街甲 6 号
邮政编码：100050
印　　　刷：北京汇林印务有限公司
经　　　销：新华书店
开　　　本：787×1092　1/16
字　　　数：82 千字
印　　　张：13.5
版　　　次：2017 年 4 月第 1 版　2017 年 7 月第 1 次印刷
书　　　号：ISBN 978－7－5002－7860－3/F・142
定　　　价：46.00 元
销售热线：（010）83190297　83190289　83190292

出版前言

数字文明为我们求知问道、拓展格局带来空前便利，同时也使我们深受信息过剩、知识爆炸的困扰。面对海量信息，闭目塞听、望洋兴叹固非良策，不分主次、照单全收更无可能。时代快速变化，竞争不断升级，要想克服本领恐慌，防止无知而盲、少知而迷，需尽可能将主流社会的最新智力成果内化于心、外化于行，如此才能更好地顺应时代，提高成功概率。为使读者精准快速地把握分散在万千书卷中的新理念、新策略、新创意、新方法，我们组织编写了这套《好书精读丛书》。

这套书旨在帮助读者提高阅读质量和效率。我们依托海内外相关知识服务机构十多年的持续积累，博观约取，从经济管理、创业创新、投资理财、营销创意、人际沟通、名企分析等方面选取数百种与时俱进又经世致用的好书分类整合，凝练出版。它们或传播现代经管新知，或讲授实用营销技巧，或聚焦创新创业，或分析成功者要素组合，真知云集，灼见荟萃。期待这些凝聚着当代经济社会管理创新创意亮点的好书，能为提升您的学识见解和能力建设提供优质有效便捷的阅读资源。

聚焦对最新知识的深度加工和闪光点提炼是这套书的突出特点。每本书集中解读4种主题相关的代表性好书，以"要点整理""5分钟摘要""主题看板""关键词解读""轻松读大师"等栏目精炼呈现各书核心观点，崇真尚实，化繁为简，您可利用各种碎片化时间在赏心悦目中取其精髓。常读常新，明辨笃行，您一定会悟得更深更透，做得更好更快。

好书不厌百回读，熟读深思子自知。作为精准知识服务的一次尝试，我们期待能帮您开启高效率的阅读。让我们一起成长和超越！

目　录

在决策实践中，企业经常犯 3 大错误，而这 3 大错误又会带来 7 大陷阱，进而为企业带来灾难，使企业为此付出高昂的代价。在本文中，保罗·纳特从自己的研究与实践经验中，提出如何避免导致决策失败的 3 大错误与 7 大陷阱，并对其进行了深入、精辟的探讨，同时也提出了如何改善决策以增加成功几率的方法。

决策可以走直线

　　面对瞬息万变的产业局势与市场环境，企业经营的成功与否，很大程度上依赖策略经营方面的擘画与实践。优秀的策略会引领企业突破瓶颈、开创新局；劣等策略则会让公司自乱阵脚、营运停滞。由此可知，策略的优劣决定了企业的成败。

　　实证领导是医学界中实证研究方法在商业领域的具体运用，通过实证领导模式在组织内部由下而上建立起一样的目标、一致的行动与一贯的程序，可以让领导工作标准化，使企业领导者看到坚实的事实证据，并能据此采取行动，准确定位市场，进而赢得竞争，为企业创造长青绩效。

在构想付诸行动前，领导者的全局思考能力越好，组织取得更高报酬、降低风险并减少成本的几率就越高。成为具有企业思维的人，可以为现在与未来的你创造你一直梦想的人生。而你所有的决策都源于你的思考能力。

决策之难

Why Decisions Fail

Avoiding the Traps and Blunders
That Lead to Debacles

·❧原著作者简介❧·

保罗·纳特（Paul C. Nutt），博士，毕业于美国威斯康星大学麦迪逊分校与密歇根大学，是俄亥俄州立大学管理学院"管理科学"与"公共政策"课程的教授。纳特发表过上百篇文章，出版过6本著作，他擅长研究与帮助组织如何进行正确决策。此外，纳特还任职于几个编审委员会，为客户讲授主管训练课程并担任多家企业的顾问。

本文编译：曾淯菁

主要内容

决策，错一次就好

为了作出更好的决策，以避免付出高昂的代价，为企业带来灾难，你要避免3大错误与7大陷阱。

这3大错误为：

①采用容易导致失败的策略。

②过早下决定。

③企图将错误的计划合理化。

这3大错误进而造成7大陷阱，这些陷阱能单独或共同导致错误的决策。这7大陷阱为：

①决策论点未以事实资料为依据。

②忽略因决策而可能引起的障碍或阻力。

③方向不明确。

④未能寻找更好、更具创新性的点子。

⑤只搜集支持决策的资料。

⑥忽略重要的道德问题。

⑦未能从之前错误的决策中汲取教训。

让人感到奇怪的是，许多决策者总是一再运用"成功几率一向很低"的策略，其实只要摒弃被大家广泛采用的错误策略，并以更好的策略取而代之，你就能避开 7 大陷阱，使成功几率提高 50％。

关键思维

我的研究显示，企业与相关机构所作的决策中，有一半都失败了。而真实的失败率可能更高，因为失败的决定通常被掩盖了。这些错误的决策往往意味着庞大投资的耗损与效益的流失，因此找出避免错误决策的方法迫在眉睫。

——保罗·纳特

一　导致决策失败的 3 大错误

商业决策中最常出现的 3 大错误为：

1. 采用容易导致失败的策略

许多经理人擅长历数自己的丰功伟绩，对系统化分析自己过去某些失败决策的原因却不怎么在行。经理人通常很少花时间好好思考如何作决策，而之前成功的决策又常常未经大家讨论与熟悉。因此，一旦需要作出新决策时，主管就不一定会采用过去奏效的做法或策略。

2. 过早下决定

许多决策者仓促间捕捉到一个点子后，就急着投入宝贵的时间与资源，想尽办法让点子落实下去。这是人性使然，因为一旦绩效的压力增加，决策者就会抄捷径或试着如法炮制其他组织曾经奏效的做法。如果事先仔细地评估，决策者就不必经常为应对新情况，大幅增加人力与资源的耗费。

3. 企图将错误的计划合理化

通常，经理人在面对自己钟爱的计划时，常会设法将计划的内容合理化。他会花大把钞票评估计划，强调点子行得通、有效果，且能够创造利润。在这种情况下，分析似乎比成效更为重要。

人们很容易犯这些错误。为了证明这一点，我们搜集与分析了 20 年中的 400 项企业决策，结果发现在 200 个失败的决策中，至少都包含其中一种错误。（本分析对象仅限于公开的企业决策。）

为了避免这些错误，称职的决策者会做到以下几点：

1. 学习最有效的做法，并在每一个决策阶段贯彻此做法

一旦管理者采用容易出错的做法，自然提高

了灾难的发生几率。相反，聪明的决策者会广泛搜寻与目标一致的新点子，并且公开评估各种选择。他们也把过失当作改善未来决策的经验。更重要的是，称职的决策者在面对可能出现的各种阻力时，绝对全力以赴，不抱任何侥幸心理。

2. 对决策深思熟虑

大多数失败的原因就是太早下决定（捕捉到一个点子就不放手），接下来便想方设法将其合理化，甚至不惜"改造"事实。深思熟虑、多做分析，可能会有较好的成效。因为在"得把事情完成"的压力下，不太可能有什么聪明的决定。在行动前，花点时间制订一套能够顾全所有重要议题的解决方案，比在事后花更多时间补救错误，要有效率得多。

3. 明智地运用资源

之所以会有许多失败的决策，就是因为许多公司不愿花时间与金钱在一开始就作出明智的决策，结果反而因事后补救耗费更多资源。他们只

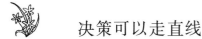

想将决策者想做的事"合理化"，而不会把资源用在寻求更好的替代方案或比较不同的观点上。一般而言，称职的决策者通常具有以下特征：一开始投入大量资源用来分析议题，寻找所有可行的选择方案与符合所有利益关系人需求的解决办法；在执行计划时也敢于分配金钱与时间。

关键思维

失败突显了决策的错误，说明了决策如何出错、为何出错，并提示我们如何改变决策流程才能提升成功几率。你经常得面对成堆的"棘手的决策"，必须通过调整顾客、市场、销售渠道、竞争与合作优势、联盟、技巧与能力、获利来源、组织方法以及公司形象等各种因素，来作出重要决策，以使组织顺利运作。采取的行动往往并不明朗，决策者只能挑出一种方案，并使用模糊的言辞来表述其观点。这就导致主事者对行动、应对方式及预期结果难免有歧异与误解，由此还可能导致冲突纷争。当决策者没能正确处理决策的模糊与不确定性或者当冲突爆发时，棘手的决策可能变成一场灾难！

灾难发生前必然有一连串事件先产生，就像错误布下了陷阱，而陷阱酿成了失败一样。采用差劲的决策、仓促下决定或误用可用资源，这些错误势必将经理人引向能够困住他们的7大陷阱。当决策者未能权衡各方论点、忽略相关人士的利益与对他们的承诺、任由组织维持不明确的方向、限制寻找解决方法的范围、误用评价标准、忽略道德问题、未能深思熟虑后下决定，或无法判断何种决策会成功或失败时，失败的陷阱就已产生了。一旦主管陷入上述任何一种陷阱，他就很可能作出导致失败的错误决策。

当主管做到下列事项，就会提升决策的成功几率：探询各方顾虑、评估行动可能遇到的政治与社会阻力、找出欲达到的成效、广泛搜寻信息、鼓励创新、估计预期效益与风险。当然在主管能作出正确的决策前，必须先革除组织里的不良诱因，并创造双赢的环境。

——保罗·纳特

二　困住决策者的7大陷阱

3大错误能造成7种陷阱，将决策者困住，并迫使他们作出最终会导致灾难的差劲决定。

这7种陷阱为：

①决策论点未以事实资料为依据。

②忽略因决策而可能引起的障碍或阻力。

③方向不明确。

④未能寻找更好、更具创新性的点子。

⑤只搜集支持决策的资料。

⑥忽略重要的道德问题。

⑦未能从之前错误的决策中汲取教训。

如果经理人能注意到这些陷阱，他们就能找到规避的办法，从而大幅提升未来成功的几率。

陷阱1	仓促下决定
	决策者接受并且相信第一个看似重要的论点
与事实不符的论点误导决策者	误用资源
	决策者未能发掘根本的理论基础或采纳其他议题
	采用容易导致失败的做法
	决策者接受影响力大的人所提的论点

避免陷阱1的最好做法
与所有的利益关系人交换意见，邀请他们参与决策，找出大家的顾虑，并且找到消除顾虑的方法

决策者若屈服于影响力大的人所提的论点，这种陷阱就会发生。例如，经理人可能会采纳某位董事所提的议题，却没有先去求证或与其他利益关系人商讨。当事情持续往下发展时，决策者才发现这个问题显然不如当初想象得那么重要，或者当初自己只是凭片面资料，就匆匆作出错误的结论。这是因为人们经常看重容易到手的信息，却不那么重视经过深入分析与判断的信息，并且比较相信一目了然的事物，而非不明显的事物。

例如，在韦科惨案中，美国联邦调查局（简称FBI）的指挥官推翻了谈判小队的建议，试着迫使大卫·考雷什与大卫教派的信徒投降。当证明无效后，美国检察总长批准武装人员武力攻击大卫教派总部所在地，结果造成 4 名执法人员与 80 名大卫教派信徒死亡。这场惨案造成 FBI 与相关执法单位的公信力大幅下降。

因此，在面对各种言论时，什么才是最好的做法？

◎决策者应广泛搜集情报信息——直到了解所有情况后再下决定。这有时需要组建专门的情报机构，以获取更多资料。

◎加入不同的观点——把有不同意见的利益关系人的顾虑也考虑进去。

◎协调冲突的意见——主动发掘每个论点背后的顾虑。如此一来，你就能够调整观点，以更正确地反映事实资料。

◎在相互冲突的观点中找出共同点——试着扩大共同点的交集范围，而非强迫一群人接受另一群人的观点。

关键思维

　　决策者容易根据别人的影响力，选择性地接受其意见，但可能因此错过好点子。一旦决策者觉得论点有道理，就会动员所有力量，并引导决策转向对自己有利的方向。如果决策者觉得论点没什么道理，决策过程就偏向没有生产力的方向，因而使支持决策的力量无法发挥出来。

——保罗·纳特

	仓促下决定
	在考虑所有社会与政治力量前，就仓促行动
陷阱2	误用资源
忽略执行上可能发生的障碍	未能发掘主要利益关系人的利益与对他们的重要承诺
	采用容易导致失败的做法
	在执行时，以权力说服大家，而非逻辑说理
避免陷阱2的最好做法	
证明行动是必要的，并使所有重要利益关系人一起参与，打造出解决方案	

　　当决策者的决策可能"危及"利益关系人的

政治与经济利益时，第二个陷阱就会产生。因为员工通常会找到各种方法，推翻与他们个人利益相抵触的行动。如果经理人企图以命令强行推动决策，而非寻求相关人士的合作，那么失败的机会就会大大增加。

例如，桂格公司以 18 亿美元并购饮料集团斯纳普时，桂格首席执行官威廉·史密斯伯格认为自己能够管理斯纳普，并通过更多营销投资使品牌成长。尽管斯纳普的销售额正大幅下滑，史密斯伯格仍执意在新包装、商标与广告上投入更多资源。所有建议桂格放弃斯纳普品牌的主管全数遭到革职。结果是，2 年后，桂格被迫以 3 亿美元出售斯纳普。

一般而言，当决策者有意或无意地只搜集支持其偏好的资料时，便会产生第二个陷阱。为了证明自己的意见是好方法，决策者会引用专家说法，并将专家们的研究和适当的推销方法结合在一起，将决策者偏爱的决策定位为唯一合乎逻辑的选择。然后，决策者就会发出命令，让组织朝着特定方向前进，即使相关经理人并不认为这是最谨慎的做法。

当决策者坚持忽略任何可能的行动障碍时，他们最好的做法是：

◎ 找出各方的利益点或先前作出的承诺——让每个人都了解，决策者之所以坚持这样的做法是有原因的。要坚持完全且彻底地公开任何既得利益。

◎ 建立自己的人脉网络——试着尽量取得大家对计划的广泛共识，特别是负责执行行动方案的人。

◎ 鼓吹"改变所有权"——把利益受到冲击最严重的人找出来。这不只是象征性的做法，而是表示愿意考虑其他人提出的新点子。

◎ 避免在最后关头诉诸"强制命令"——相反，要鼓励大家齐心协力，一同找到合适的做法。组织成员参与的程度越深，新计划成功的可能性就越大。

关键思维

命令会激发抗拒心理。没有人喜欢被强迫，而且人们担心若不抵抗会制造先例，因此就算他们与决策没有关联，也会抗拒命令。

要想从参与决策的人身上获益，你必须知道参与本身比参与者的角色更重要。如果条件允许，尽量让所有相关人员在决策中发言，这会增加你成功的机会。只要你同意按照小组的建议行动，给小组赋予适当的角色，就会增加成功机会。"象征性地参与"通常不会带来成功，因为参与者人数不多，角色又受限。况且觉得自身利益被剥削或没能参与的利益关系人，也经常会质疑决策者的动机何在。

成功的执行者必须了解且小心管理大家的"利益"。若能找出并且了解这些利益，通常就可以控制因为利益而引起的政治与社会阻力。

决策流程显示，所有的决策灾难都有"强迫流程"，即由决策者自行作出决定，然后强迫大家接受某个方案。若使用这种流程，失败的几率会高出 4 倍。"发现流程"则是较好的做法，在这个过程中，决策者将比较各方论点与设定方向视为初期较为重要的阶段，这样做是比较容易成功的。因为创新是可能的，而评估在发现流程中也是有意义的。

——保罗·纳特

陷阱 3 给人们模糊的方向	仓促下决定
	不愿面对人们的顾虑
	误用资源
	在确定目标上所花时间甚少
	采用容易导致失败的做法
	假设每个人都知道朝哪个方向前进

避免陷阱 3 的最好做法
设定明确的目标，且毫不犹豫地画出预设结果的蓝图

陷阱3谈的是"模糊"，也就是负责执行决策的人不知道公司原先希望达到何种成效。如此一来，问题就产生了，因为人们通常是从当前情况出发，为未来作出决策，而没有试着朝某些事先预定好的清晰目标迈进。

这种情况常在交办计划时发生。若没有清楚与确切的目标，新接手的人所假设的目标可能与决策者原先预期的想法完全不同。如此一来，人们就好像一脚蹚入浊水之中，不知道究竟要达成什么目标。

为了避免此项决策陷阱：

◎ 先别管分析也别想找出问题——相反，你应该设定清楚、确切的目标，让大家尽可能以最具创意的方式，想出如何达成目标的方法。

◎ 避免把"点子"误作"目标"——人们对点子只有两种态度，不是支持，就是抗拒。首先，设定欲达成的目标，接着想出如何朝目标前进的点子。如此一来，就会带来更多的创意与更公开的讨论。

◎ 要以最终的成效来描述目标，而非达成目标的方法——人们就能自由采纳能实现成效的各种创意与方法。若运气好，他们甚至可能会想出你也不知道的点子。

◎ 避免设定不切实际的目标与试图强迫大家达到更高的绩效水准——大家不会把这类目标当回事。

◎ 要理解目标可能很窄，也可能很大——有时候每种目标都有其价值。例如，如果目标是"平衡公司的收支"，这可以进一步分解成更窄的目标，如"增加营业额"或"增加现金流量"。不论是宽泛的目标还是狭窄的目标，都会使企业形成不同的策略。两种目标也各有优缺点。通过扩大或窄化目标，决策者可以把更多因素纳入考虑范围，并将这些因素带入决策组合中。

关键思维

偏好权力的决策者，通常难以明确组织方向。

——保罗·纳特

陷阱 4	仓促下决定
	硬要找出解决办法的压力，让平凡无奇的解决方案成了及时又实用的方案
未能跨出企业当前做法的局限	误用资源
	在寻找更好的点子或创新做法方面资源投入过少
	采用容易导致失败的做法
	抄袭其他人的做法，走"捷径"

避免陷阱 4 的最好做法
寻找更多新鲜且具有创新性的替代方案，特别是能为组织带来先发优势的方案

这个陷阱主要探讨企业"走捷径"的心态。一般说来，当问题发生时，领导者倾向于如法炮制成功企业的做法。他们的想法是，既然其他人已测试过这些做法，且都很成功，因此，多说无益，仿效其他人的做法就对了。

在现实生活中，采纳别人已经用过的现成点子，一开始听起来很吸引人，然而在表象下往往潜伏着许多问题。除非你的组织与采用此做法的优秀企业所面临的环境完全一致，否则抄袭别人的做法将产生各式各样的"调适成本"。再者，这么做意味着你永远只能局限于现状，一旦有人提出创新的做法，你就会陷入极为不利的竞争地位。

如何避免第 4 个陷阱的做法：

◎ 发挥组织里员工的想象力——授权给他们，给他们空间，让他们试着找出突破过去做法的创新解决方案。

◎ 面临挑战时，试着找出多种选择方案——你可以比较各方案的优缺点，找出更好的行动方向。运气好的话，这种做法甚至能产生一套综合各种想法最佳特色的混合方案。

◎ 寻找新鲜的想法——通过以下做法：

· 以行业中的杰出企业为标杆。

·邀请供应商提建议。

·设定目标，让员工提出点子。

·寻找市面上现成的技术。

◎仔细分析大家提出的想法——找出利用这些想法可以做的事情，或许可以由此想出新的产品、服务或销售渠道。

◎组成员工团体——让大家去寻找帮助企业成长和改善事业的构想。

◎试着从不同的角度看问题——比如技术角度、利益关系人的角度或组织的角度。每一种角度都会产生一些有趣的见解与看法。

◎让人们尝试新的领域——创造新的工作方式，比如让员工离开平时的工作环境。这可以鼓励他们创新思考，并且打破既有的刻板工作状态。

关键思维

与拖延行动或任由大家随意猜测希望达到的

成效相比，在寻找合适做法的过程中所犯的错误，对企业造成的危害要轻微得多。决策者经常犯以下错误，如：未经调查就接受论点、回避社会与政治阻力、不经查证就决定行动方向，如果能谨慎地寻找新的办法，可以帮助决策者弥补上述错误。详尽的研究调查能够提高决策的成功率，甚至在决策者面对政治或逻辑问题时也是如此。

——保罗·纳特

	仓促下决定
陷阱5 只搜集支持决策的资料	评估决策时充满防卫性，为的是要将解决方案合理化
	误用资源
	金钱是用来捍卫原来想法的，而非发掘其中的风险
	采用容易导致失败的做法
	评估的目的只是衡量成本，而非预测效益

避免陷阱5的最好做法
找出风险，摒弃所有风险过高的方案，并量化选择方案的效益

若上了陷阱 4 的钩，陷阱 5 就会接踵而至。一旦发现了一条捷径，他们只能搜集支持这项决策的资料，其他所有信息都会遭到漠视。在这种情况中，大多数决策者会完全忽略可能的风险，比如营业额、获利及其可能导致的风险。他们搜集资料的活动也被称为"防卫性评估"。

例如，当丹佛市准备建造一座新的国际机场时，市长菲德里克·皮纳倾向于盖一座全新机场，而非更新老机场。市长花了大把经费，研究新机场的优点，却几乎未分配一毛钱，量化更新老机场的成本与效益。结论当然很偏颇——盖一座新机场似乎是最好的选择，然而这项计划却导致了不符合经济效益的大灾难。

为了避开此类陷阱，决策者应做到以下几点：

◎避免过早选定一个方案——让每个选择方案，都能完全根据事实而非主观标准得到评估。

◎量化每种行动潜在的风险——通过预测每

项选择方案最好与最坏的情况，理性评估好坏情况发生的几率。在大多数情况下，我们很难精确评估风险，但只要在决策过程中运用一些风险分析方法，就能大幅提高决策的品质与有效性。

◎避免用"直觉"作决策——因为这只会引起外界对决策者动机的怀疑。

◎以图表显示风险——如此一来，所有决策者都能一目了然，知道和其他方案相较，哪种方案风险最低。

关键思维

以防卫性评估鼓吹偏好的行动方案，并轻忽可能的风险，就会酿成灾难。决策者若一开始就支持某种想法，便会陷入防卫性评估。防卫性评估得出的结果既肤浅又没新鲜感，还得用生花妙笔将其合理化。决策者需要花大笔经费，找出能支持其想法的证据。这样一来，花在搜集各种论点、设定方向与寻找新点子上的经费就少而又少了。由于明确说明预期成效会使决策者的私心无所遁形，进而使防卫性评估失去立足点，因此，酿成企业灾难的决策者会小心翼翼地不让其偏好的做法进行公开评估。

——保罗·纳特

陷阱 6 忽视棘手的道德问题	仓促下决定
	假设所有决策都无关道德
	误用资源
	没有花时间或金钱了解相关人员的道德观与价值观
	采用容易导致失败的做法
	忽略个人或组织的价值系统

避免陷阱 6 的最好做法
直面内部与外部利害关系人的道德问题，作出处理

所有棘手的决策都会因道德问题造成进退两难的局面。付款者、得利者与决策者通常不是同一群人，因此当决策者忽略根本的利益冲突，行事不顾道德限制，陷阱就产生了。

例如，迪士尼在所有的主题公园都实行严格

的"禁酒"政策，符合其为家庭服务的公司定位。然而，当迪斯尼投资 7 亿美元在法国建造的"欧洲迪斯尼"的入园率不理想时，该公司决定以卖酒来刺激下滑的游客量。这在迪斯尼的股东间产生了极大的争议性，欧洲迪斯尼也成为公司人尽皆知的大灾难。

基本上，道德观点总是基于个人或组织的价值系统，为了避开此类陷阱，你首先得注意到这些价值系统。一旦认识并了解了各方的价值观，你就可以努力寻找与所有参与者价值系统一致的做法。若能做到这点，严重的道德纷争就会快速得到消弭。

遇到道德困境时，最好的化解办法如下：

◎ 找到道德问题的制衡办法——这些问题可能是自我放纵、矫枉过正、自我保护或自我欺骗。但这些问题都可以通过以下做法解决：

· 揭发所有的私利。

· 为共同利益打造形象。

· 告诉大家其他的替代性做法。

· 解释欺瞒行为何以危害共同利益。

◎ 在决策过程中,直接面对道德上的困境——在决策过程中,将道德议题与逻辑、经济及政治等议题摆在同样重要的地位,便能正视道德问题。

◎ 决策过程中,将许多不同的相关团体纳入考虑范围——如股东、债权人、员工、顾客、企业所在的社区环境与一般公众。作决策时,想想此决定对每个团体有何正面或负面的影响,并尽量展现你公正无私、照顾所有人利益的行事作风。

◎ 谨慎使用"道德"或"不道德"的标签——因为这两个名词是相对的,不是绝对的。道德与否,是由个人依其价值系统的强弱来决定的。

◎ 要求大家在决策过程中只要发现道德问题,便发出警告——使道德问题能及早浮现,不要等到最后才发现。

◎ 进行正式的道德考核——一旦目标确定、对特定行动的评估完成之后，就可以展开道德考核了。

◎ 与所有利益关系人或团体展开对话——找出各种敏感问题以及大家可能愿意妥协的地方。

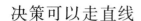

关键思维

　　为什么那么多位高权重的决策者，在作决策时都忽略了道德问题？部分研究发现，许多公司的领导者都缺乏"道德想象力"，不能从更大的范围来看自己的决策会如何被解读，结果，所有的建议和行动都把"道德问题"放到一边。为了避开因"道德假设"而设下的陷阱，看到决策可能激起的种种反应，可以通过民意调查找出其他可能性与结果，帮助你接触更宽广的议题、结果与解决方法。

——保罗·纳特

陷阱 7	仓促下决定
	创造高期望，要求组织永远有好绩效
	误用资源
未能从过往的成功和失败经验中学习	很少运用资源，让大家从经验中学习
	采用容易导致失败的做法
	鼓励掩盖之前不利的结果

避免陷阱 7 的最好做法

鼓励对行动方案进行诚实的评估，并为所有利害关系人创造双赢的结果

当决策者一再重蹈覆辙时，最后一项陷阱就来了。决策者没能从先前的经验中学习，每件事都靠运气。多数组织就是因为不容许失败，反而创造了让员工容易失败的环境。这种说法虽然听起来怪异，但事实的确如此。因为在这样的环境中，员工如果不想坦承错误就得文过饰非。

组织里通常存在着怪异的诱因，鼓励员工在出错时寻找各种客观原因，甚至可能造成"相互掩饰"的情形的发生。如此就会制造出计划与结果之间的关系难以评估的假象。这样一来，管理

团队里就没有人可以有足够的信心作出判断，并要求采取矫正的行动。同时，其他人也不可能真正了解究竟发生了什么事，以及事情发生的原因。

例如，巴林银行于 1995 年破产，负债 17 亿美元，原因就是新加坡一位交易员（尼克·里森）抓住了公司领导团队里没有人了解期货交易的弱点。由于里森的上司中没人愿意让自己看起来无能，才让他得以躲过许多银行规定的手续与流程。最后，里森因为交易失败与掩饰真正的损失，给银行造成了巨额亏损。

有哪些方法可以避免这个陷阱？

◎把重点放在"资料搜集"上——重视"直接观察所有评估资料"。如果员工对指定搜集的资料有意见，就让他们自己提供资料来源。要找到大家都认为公平且有代表性的资料来源，而非只使用经员工过滤或解读过的资料。

◎容许随机事件发生——坏决定可能会有意

34

想不到的好结果，同样，好决定也可能有坏结果。换句话说，有意外收获时，别试着邀功。在评估决策过程是否顺利时，要保持平和的态度。

◎当意料之外的坏结果出现时，先判断究竟是原先的预估不准确，还是决策过程有瑕疵。然后采取行动，解决真正的问题。尽管在许多情况下，很难决定决策过程哪个部分需要矫正，但从长远眼光来看，这么做是值得的。

◎了解"后见之明"的偏颇——从事后看，每件事的结果似乎都是无可避免的。为评估决策是否合理，必须试着重建决策当时的情况，检查结果发生前是否有什么意料之外的事情，这些指标可以有效判断，你的决策过程是否合理。从后见之明的角度观察，因为视野清楚，所以会放大结果发生前各种细微的线索，所以不能过于主观，一定要实事求是。

◎明白记忆是会扭曲事实的——例如当结果已是众所周知的事实时，先前发生的每一件事都会遭到扭曲，对于先前的决策，谁都能分析得头头是道，甚至很擅长为决策失误编造各种理由。请慢一点推卸责任，逝者已矣，来者可追，未来的事才更值得关注。

◎ 做好书面记录——将组织里每个达成的决策以及缘由做成记录。这可以帮助你了解决策过程中，哪些部分运作得好，哪些地方则需要改善。

关键思维

决定造成结果，结果产生后果。为了逃避指责，保护在位者，组织的决策者会使用各种花招，避免他们的决策被秋后算账，因为人都有不愿"自曝其短"的本能。信息就是力量，企业若有鼓励信息共享的文化环境，就能避免这些陷阱。

——保罗·纳特

三　如何提高决策的成功几率

为了在未来能作出更好的决策，你得：

1. 亲自负责所有决策事宜

你越常实际参与决策过程，成功的几率就越大。没有人能和你一样努力、有热情或像你一样支持自己的想法，因此你要密切、主动地参与决策。

2. 在每项决定中都注意个人道德问题

你越常授权给员工，让他们做符合个人道德观的事，你就越可能作出好的决策。所以，你要考虑并且尊重员工的道德标准，以期取得更大的成就。

3. 了解哪些议题值得注意

仔细调查，找出哪些事应该受到重视，哪些议题对决策来说只不过是鸡毛蒜皮的小事。花些时间，找出真正重要的问题，就有助于作出面面俱到的好决策。

4. 面对阻碍时不动摇

通常决策者在执行决策时，都会遭遇社会与政治阻力。你必须亲自投入执行过程，以除去障碍。别掉进自以为一声令下就能唤起大家注意的陷阱。你应该站在阵前领导大家，并且将力量集中在能收获最大利益的地方。

5. 明确目标与方向

当你明确说明欲达成的结果，而非仅说明达成的方式时，你就为大家创造了讨论的契机，使他们可以围绕结果共同出谋划策，得以产生新点子。而以开放的态度寻找更好的解决方案，可以降低决策的错误几率。

6. 深思熟虑，理性决策

好的决策过程包括思考所需的行动以及如何展开行动朝目标前进。你的做法要合乎逻辑，别忽略任何可能的阻力。如果你能有清晰的思维，加上有交际手腕以及能有技巧地推行正确的决策，你的组织就有可能迈向成功的未来。

7. 为每项决策找出多种选择方案

简而言之，如果你有好几种选择方案可以比较，就能作出较好的决定。不要只有一种选择方案，即使被淘汰的选择方案也有用处，因为这些方案反证了入选方案的优越性。理想的情况是，最后的解决方案应是多种方案的聚合结果。在设计方案时，你可以以标杆企业为学习对象，发展出一项选择方案，也可以以邀请供应商提供提案的方式获得第二个方案。接下来便是寻找综合所有选择方案最佳效益的办法。

8. 把所有决策视为学习经验

允许大家公开且自由地讨论你或组织所犯的任何错误。讨论与分析越公开，大家就会越了解学到了什么教训。

**关键思维**

失败若来源于不可抗力，我们无法归咎责任；正如瞬息万变的顾客一样，他们经常改变购买习惯，而这不是任何人的错。但前述的3大错误却起因于决策者，可以将决策者引诱到困住他们的陷阱之中。有些决策者在决策过程中强调经济因素，即成本多少的重要性；有些则强调政治因素的重要性，而忽略了其他因素。然而，逻辑与道德因素也必须被纳入决策组合中，以作出更好的决定。我希望大家都能在作决策时，提高决策的成功几率。

——保罗·纳特

如何检测决策的品质

在《决策之难》中，作者保罗·纳特从自己的研究与实践经验中，提出如何避免导致决策失败的 3 大错误与 7 大陷阱，并对其进行了深入、精辟的探讨，同时也提出了如何改善决策以增加成功几率的方法。

笔者对作者论述的观点有着非常深刻的认识，这些现象与问题常常在企业和组织中重复发生。笔者常往来于两岸的企业和组织，就个人从事企业管理顾问多年的经验所见，"决策"通常都是所谓公司的高层决定的，而公司高层在决策时，心里多半早已有了喜好的答案，这答案并非他们全面搜集、评估信息的结果，而是他们根据盘旋于其脑中的来自四面八方的信息，再加上其过人的逻辑思考能力推导出的结果。保罗·纳特

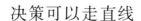

的许多观点不啻为检视决策品质的重要参考，亦是执行决策的最佳指引。

在不同的文化环境中，决策失误的原因与类型有一些差别。笔者就自己所熟悉的情况，对中国某些企业和组织决策中的失误提出以下看法：

错误一：寻求附议

很多中小企业主很少有仓促下决定的时候，他们在进行决策时多半都会考虑再三，正所谓三思而后行！因为基于对经营规模的考虑，任何决策对企业来说都是很大的赌注。然而决策所需的信息、情报来源及欲达成的目的，却经常会影响决策的结果。原因是他们通常不知道哪些是必要的信息，甚至不知道如何搜集、分析各种资料。在决策时，他们有时仅是去模仿其他企业或同行中看似有效的做法而已。此外，老板在进行决策讨论时，通常多半心里早已经有了偏好的答案，只不过是再拿出来让下属附议罢了。

错误二：投上位者之所好

在许多中小企业中，将决策者想做的事"合理化"是常有的情况，老板说东，所有资源也就向东投入，即使这是错误的投资方向。

错误三：重蹈覆辙而未自知

企业主作决定并非基于策略考虑，而在于他们个人的喜好及其意志，他们通常不会意识到，自己正一再使用容易导致失败的策略，因为他们对过往决策的记忆是相当模糊的。他们很少对过往的决策成果进行系统化的回顾、分析与反省。决策过程中，他们抱持着试试看、碰碰运气的心态，对企业缺乏全盘的规划与衡量，因此经常重蹈覆辙而未自知。

保罗·纳特也指出导致差劲决策的 3 大错误接着会布下 7 大陷阱，这些陷阱能单独或共同造成不当的决定，同时也提出了如何避开这些陷阱的明确做法。笔者就一般企业陷入这 7 大陷阱时常见的现象提出个人的看法：

陷阱一：一言堂

太依赖某位级别人员的想法或意见，并且多数缺乏依据事实进行评估判断的能力，抑或不愿接受他人的新观点。由于太依赖某个声音，自然而然在决策时造成了一言堂的现象。

陷阱二：层级标准

由于权位压力，其他声音不敢发出，以致忽略可能的问题与障碍，抑或没有能力提出什么问题，只是一味地追随上意。

陷阱三：漫无目的

当组织方向不明确或上级意图不清时，执行者就认为反正也没有明确的要求，做了再说。即使有某种目标，对目标的界定也是漫无目的，没有焦点。

陷阱四：不鼓励创新

常因循旧习，缺乏创新，也无鼓励创新思考的环境，甚至在抄袭他人的同时，也不知是否合于自己的需要。

陷阱五：自圆其说

常对"选择"自圆其说，少有能力以事实为基础来评估方案与行动的效益及风险。

陷阱六：政治利益挂帅

政治利益挂帅，企业自身使命与价值观基础薄弱。

陷阱七：健忘症

对曾经发生的错误决策有健忘症，有时换了主管，做法虽不同，但错误仍然似曾相识。

综观这些问题，它们都是有原因的，有些陷阱也并非单独存在，而是环环相扣。如何消弭这些现象，保罗·纳特提出8项提高决策成功几率的原则供读者参考，笔者将其作用做了如下归纳与阐述。

1. 陷阱一、四、五、六是导致问题一的元凶，也连带产生问题二、三的现象

组织或企业未能在目前的做法与点子之外，寻找更好的方式、更创新的做法，只凭某个声音提出的点子，"选择性"地搜集资料，没有依据

事实进行评估与判断。而在提案的构想与情况不符合的状态下，决策者仍妄下决断，也忽略重要的道德问题。

2. 因问题一引发陷阱二、三以致出现问题二

由于已妄下判断，忽略了可能的问题与障碍，为了证明这种做法更好，决策者将会自圆其说地提出各种合理化的说辞，相信船到桥头自然直。再加上未能制订明确的目标，将引发把资源花费在自以为行得通的点子上的错误。

3. 陷阱七造成问题三却也加重问题二的恶化

由于未能从先前错误的决定中吸取教训，一再重蹈选择失败策略的覆辙，造成历史重演，为了掩饰决策的失当，将资源投入自圆其说方面，加剧了问题二的现象。

4. 破除问题一的建议

了解哪些议题是值得注意的，针对每项决定

进行创新思考，找出多种选择方案，并找出关键性的课题。搜集用来衡量决策的风险与效益的信息，经过深思熟虑，作出理性的决定。高层主管要参与决策的过程但不宜全权主导，避免落入一言堂的困境。决策应该基于公司的使命与价值观，在每项决定中，都应该注意道德问题与社会影响。

5. 破除问题二的建议

当决策结果合理且适当时，从公司使命与价值观的角度出发，可以制订明确的目标体系，面对阻碍时应当坚持立场，不动摇，直到决策被贯彻执行完毕为止。

6. 破除问题三的建议

把所有决策都视为学习经验，失败突显了错误，并提供了决策如何出错、为何出错以及如何改变会提升成功几率的线索。错误亦即改善的机会，因此要做好记录，学会从过往的失败中汲取经验与教训。

专家简介

陈照明，南开大学国际企业管理研究所硕士（MBA），淡江大学水资源及环境工程系学士，现为博识企业管理顾问有限公司资深顾问，多年来从事企业管理咨询服务及教育训练的工作，擅长服务策略及环境管理研究。

好策略,坏策略

Good Strategy Bad Strategy

The Differenece and Why It Matters

·❀ 原著作者简介 ❀·

    理查德·鲁梅特（Richard Rumelt），毕业于美国加州大学柏克利分校及哈佛商学院，曾任教于哈佛商学院、欧洲工商管理学院等机构，并曾任策略管理学会会长，现为加州大学洛杉矶分校企业管理研究所商业与科学教授。除了教职之外，鲁梅特也担任数家非营利组织和企业的顾问，如塞缪尔·戈德温影业、壳牌公司等，他是从资源角度探讨决策过程的先驱之一，擅长从企业独特资源的角度来解释绩效。

    本文编译：郭政皓

主要内容

你也可以成为优质策略家

面对瞬息万变的产业局势与市场环境，企业经营的成功与否，很大程度上依赖策略经营方面精准的擘画与实践。优秀的策略会引领企业突破瓶颈、开创新局；劣等策略则会让公司自乱阵脚、营运停滞。由此可知，策略的优劣决定了企业的成败。然而可惜的是，一般人对策略抱持错误的认知，或者沉迷于虚幻的目标，或者浸淫于远大理想的美梦中。

策略之于企业，犹如引领船舰航行的一盏明灯，当灯光飘忽不定或指引方向错误时，企业的营运势必阵脚大乱、涌现危机。本章作者以其精辟之见解，厘清你对策略的错误认知。他对"好策略与坏策略"作出了清晰透彻的诊断与分析，告诉你何谓真正的好策略、好策略必须具备什么样的条件、好策略应该如何规划、企业又应该如何避免身陷坏策略的泥淖之中。而关于如何成为一位制订优质策略的策略家，作者在本章中也提出了精辟的思考方式以供读者借鉴参考。

简而言之，好策略必须具备 3 项基本要素：①诊断问题——看清眼前挑战的本质；②指引方向——你所选择的整体做法；③一致行动——实行指引方针必须采取的步骤。本章作者特别强调，好策略包含的是一套完整一致的行动，但这些行动并非"执行"的细节，而是策略的力量来源。策略除了详述组织要做些什么，也要诉说组织不要做什么。更重要的是，策略必须具有世人所未见的高瞻远瞩的独特视野。

举例来说，过去美国的大型超市至少要有 10 万人口的市场才能获利，这是一般的市场认知。美国零售业龙头沃尔玛超市通过对供应链的有效管理策略，建立了一个由 150 家店所建构的网络，并以一个配销中心作为支持中心，将采购决策予以集中化。通过此番实践，它颠覆了以往的"大卖场"法则，让其在人口少的地方也能经营大卖场，重新界定了"店"的定义。由此可知，好策略的过人之处在于它能让人从不同的角度观察态势，进而开创新的局面。

除了上述实例之外，本章还提出了优质策略家应该具备的思考方式。首先，你必须把策略视为有待证明的假设；其次，决策者必须愿意让假设接受深刻的批评；最后，应避免盲目从众，要有能力形成独立的判断。你是能拟订出好策略的杰出策略家吗？本章将是你认清策略本质、谋划优质策略的必读指南。

好策略，坏策略——管理者的真功夫

你心目中的策略是什么？真正的策略，可不是用来声嘶力吼、侃侃而谈的远大目标，或者一些信口开河、不切实际的口头文章。策略的真义超乎你我等一般人的想法。策略，就是用来应付高难度挑战的方法，是引领组织迈向辉煌明天的关键。

策略跟很多人想象的有所不同。公司宗旨如果空空如也，夸口说要成为这个领域的世界第一、那个领域的世界第一，那是拟订不出任何策略的。你振臂一呼，说要埋头苦干、要提升20％业绩，同时还让获利空间成长，这并不是策略。认真打拼、财务预测或期望未来繁荣发展，这些也都不是策略。

简单来说，策略就是你用来应付高难度挑战

的方法。你要经过深思熟虑拟订出这些方法来应对挑战，然后向前迈进。策略就是你的组织朝未来迈进的方法。

真正的好策略，一定会包含 3 项要素：

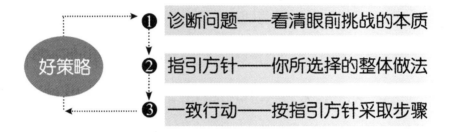

好策略
❶ 诊断问题——看清眼前挑战的本质
❷ 指引方针——你所选择的整体做法
❸ 一致行动——按指引方针采取步骤

一 好策略和坏策略
——两者间的关键差异

坏策略不只是好策略的相反面，它所包含的，往往有陈词滥调的内容、不切实际的目标，还有听起来动人的口号。相对来说，好策略会明确指出组织要如何集中资源来应对挑战，然后继续前进。好策略包含3个部分：

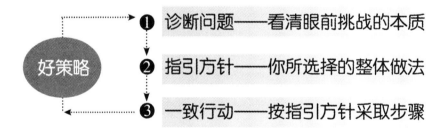

好策略
❶ 诊断问题——看清眼前挑战的本质
❷ 指引方针——你所选择的整体做法
❸ 一致行动——按指引方针采取步骤

有2大优势对任何企业来说都非常重要，分别是：

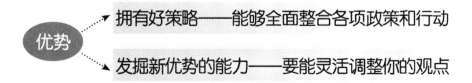

优势
拥有好策略——能够全面整合各项政策和行动
发掘新优势的能力——要能灵活调整你的观点

可惜事实上，杰出的经营策略相当罕见，而且还常常出现在意料之外的地方。大多数组织的经营策略都未能发挥整合的效果，因此无法让所采取的行动、政策和资源取得更大的成果。各项目标间往往没有相关性、利益相互冲突，有一大堆成果想要达成，却没有完善的策略。

找到好策略之后，应该就可以看出新的优势和劣势来源，并需要对它们加以妥善运用。以沃尔玛为例，在沃尔玛出现之前，一般人都认为大型超市至少要有 10 万人口的市场才有可能获利。后来，沃尔玛开始在小城镇开设面积为 120 几平方米的卖场。沃尔玛能够这么做是因为，该公司建立了一个由 150 家店构成的网络，还有一个配销中心来支持将采购决策集中化。这使沃尔玛重新界定了"店"的定义，将"网络"作为沃尔玛管理的基本单位。沃尔玛通过对供应链的有效管理，为各个据点建立起强大的后援，让这些店即使在人口少的市场也可以经营下去，做到了竞争对手所不能做的事。这说明好策略可以让人从不同的角度看事情，因此常常会带来新的看法。

关键思维

想要建立好策略，领导者必须有意愿和能力，向各种各样的行动和利益说"不"。策略除了说明组织要做些什么，也说明组织不要做什么。

坏策略不只是好策略的相反面这么简单，它源于错误的概念和不当的领导。当你培养出察觉坏策略的能力，就能大幅提升判断局势和建立策略的成效。

——理查德·鲁梅特

1. 坏策略的 4 大特点

◎虚无的口号——所提出的策略或者是胡说八道，或者是很肤浅地把一些流行语进行重新排列组合的结果。比如说："我们的基本策略就是成为顾客的沟通桥梁。"这是什么意思？这根本就是一句空话，就好比一家银行说："我们的基本策略就是要成为一家银行。"当专业的思考和分析都不存在的时候，就会产生虚无的口号。

◎无法面对挑战——这点很严重，因为如果没办法确定挑战是什么，当然也就没办法想出策略来加以改善。所谓策略，就是应对挑战或克服障碍的办法，如果无法确认挑战为何，就不可能产生好的策略，未来的发展就会变成高难度的目标或者一堆想做却做不到的成果。

◎错把目标当成策略——只知道宣示自己的雄心，而没有克服障碍的具体计划。比如宣示说："我们要让营收一年增长 20%，同时让毛利率保持在至少 20%。"这不是策略，而是目标。制订目标没有错，但目标不是策略。要取得更多的绩效，经理人必须找出影响企业发展的障碍，然后拟订整合性的办法来加以克服。这样才有办法产生真正的策略。

◎采用了坏策略的目标——无法克服关键问题，或是想法完全不务实。好策略会使你将心力和资源集中在少数几项核心目标上，并由这些目标引导出一连串理想的结果。如果你的目标是将一团想法随意搅在一起，或者是一些天马行空、不切实际的空想，你就是在乱枪打鸟，看能不能蒙中一两只猎物，这可不是策略。你也许会获得一些自己觉得不错的东西，但这不是策略。

坏策略之所以会大量存在，可能是因为：

◎公司不愿意或没有能力选择目标。

◎经理人依样画葫芦。

◎经理人在模仿杰克·韦尔奇等商业明星。

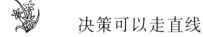

关键思维

好策略会辨识出什么是关键的挑战。不仅如此，它还可以在挑战和行动之间搭起桥梁，把长远目标和当下可实现的目标联系起来。因此，好策略所设定的目标，应该很可能在现有的资源和能力条件下达成。坏策略是空泛和片面的，存在内部矛盾，它无法看出问题，更无法解决问题。

——理查德·鲁梅特

2. 好策略的根本架构

好策略一定有一个"核心"，并包含以下 3 个部分：

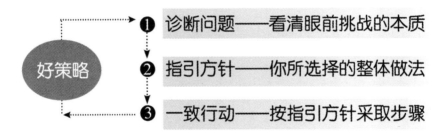

好策略
❶ 诊断问题——看清眼前挑战的本质
❷ 指引方针——你所选择的整体做法
❸ 一致行动——按指引方针采取步骤

（1）策略一定始于正确的诊断——也就是要分析眼前的状况。确切的诊断能够厘清所面临的状况的本质并归纳出其模式，甚至有可能帮助决策者想到过去是如何处理类似的状况的。其实，诊断就是在判断状况的实际情形，将复杂局面变成可以解决的简单问题。对情况的诊断可以用一个问题或一个比喻来表述，也可以参照知名企业的策略模式进行表述。好的策略诊断也会界定出未来的行动领域。

案例：路易斯·郭士纳在 1993 年接任 IBM 首席执行官，当时该公司正在走下坡路，打算分拆成几个规模较小的独立企业。郭士纳诊断出 IBM 的独特之处就在于拥有许多不同领域的专业能力，因此他采取了完全相反的方向。郭士纳改变了企业的发展思路，将 IBM 转变成解决方案的提供者，而不是硬件或软件的供应商。

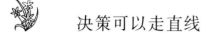

关键思维

总体来说，诊断可以指明或厘清状况、从个别情况中理出模式，并提出哪些需要多加注意，哪些不需要特别注意。真正有洞见的诊断可以使人转变对状况的解读方式，并采取完全不同的观点。运用诊断可以让人从多个角度评估策略。此外，将诊断纳入策略执行过程，可以让人在实践中继续检视策略的其他维度，并且随着情况的改变而作出改变。

——理查德·鲁梅特

（2）建立或指出明确的指引方针——也就是处理关键难点的方法。简单来说，指引方针主要是用来说明要运用什么样的整体做法，来克服诊断所点出的障碍。指引方针会引导我们看出哪些行动在还未充分厘清状况的前提下就贸然采取了，然后帮助我们对其加以限制。好的指引原则会预期到可能发生的状况、减少复杂和含混不清的问题、指出各种可以运用的资源，并促使决策者将方针和行动进行整合，使其相辅相成。

案例：在郭士纳主掌下的 IBM 的指引方针是要运用公司最擅长的能力去"创造和为顾客提供解决方案"。这为 IBM 建立了优势，因为公司上下的员工有了一致的共识。当员工集中 IBM

的强大资源，去解决每一位顾客面临的特定挑战时，他们就可以很清楚地知道，自己这么做是对的。

案例：富国银行的公司愿景是："我们要满足所有顾客的财务需求，帮助顾客达成财务成功，成为每一个市场中优越的金融服务提供者，并成为大家心目中卓越的美国企业。"这个愿景听起来很棒，但是首席执行官理查德·柯瓦希维奇很清楚，这样的愿景太抽象、不够实用，所以他明确指出公司的指引方针："富国银行要运用交叉销售的网络效应。"结果这个指引方针让富国银行有了营运的基本原则：当富国银行向顾客销售的金融产品越多，他们就会越了解顾客，未来也越能够销售更多商品给顾客。富国银行通过一项产品的销售，带动其他产品的销售，用其规模效应建立了优势。

关键思维

　　好策略不只是说你想要"做什么"，还包括"为什么要做"和"怎么做"。好的指引方针会创造优势来源，以克服诊断所指出的障碍。没错，策略的核心通常就是指优势。好策略可以放大资源和行动的成效，借此创造优势。

——理查德·鲁梅特

　　（3）策略必须明确指出所要采取的一致行动——因为策略只有付诸行动才能创造价值。策略不仅仅是理论，能推动组织向前迈进的策略才叫好策略。为实行策略而采取的行动一定要清楚且彼此协调——也就是说，所采取的行动必须共同朝向某个单一目标。

　　举例来说，业务人员很喜欢提供优先服务，来取悦他们眼中最好的顾客。相反地，操作人员通常比较喜欢长期、不间断的生产过程，好让机器与工具可以好好运转。业务人员和操作人员的

需要不可能同时得到满足，因此如果指引方针能明确指出，公司是要成为最低成本的供应商，还是要成为最有弹性的供应商，就可以解决这样的冲突。这样一来，所选择的指引方针就可以让大家清楚地了解，公司必须采取什么样的一致行动。

案例：雅克·纳瑟在 1999 年就任福特公司首席执行官，他很快并购了沃尔沃、捷豹、路虎和阿斯顿·马丁等车厂。规模经济对于汽车业至关重要，所以纳瑟提出要让沃尔沃和捷豹共享底盘。这个想法并不奏效，因为这么做只是在折损这两个品牌的效益，还会惹恼沃尔沃和捷豹最忠实的顾客、经销商和服务商。结果，沃尔沃的顾客不想买"安全的捷豹"，而捷豹的顾客也不想买"动感的沃尔沃"。因为这两种需求是冲突的，相互之间根本无法协调一致。

关键思维

　　策略就是用来判断什么才是最重要的目标，然后引导组织集中资源和行动去达成这个目标。在执行策略的过程中，组织者需要坚持，因为这样才能将精力集中在一项目标上。为执行策略而采取的行动需要协调一致，要根据方针和规划，让整个组织可以一致运作。更具体来说，规划就是整合工程，要明确指出行动和资源要如何结合。

——理查德·鲁梅特

二 好策略的9大力量来源

好策略会引导组织先找出力量所在，然后把力量运用在最有效果的地方。好策略包含了许多力量来源，以下举出其中9项：

要运用短期的好策略，必须明智地整合方针、行动和资源，以应对所面对的问题。从长远来看，好策略更需要投入各种资源，以培养出在未来极具价值的优势。不论是短期还是长期，好策略都需要尽可能找出力量来源并加以应用，让所有行动都能带来最大效益。

有鉴于此，我们自然有必要去熟悉好策略的

力量来源。对这些力量来源越是了解，策略就能越有效。总之，好策略就是为了让组织能够整体向前迈进，我们先来认识这9大力量来源。

力量来源1 杠杆

杠杆就是要汇聚所有组织成员的心力和行动，创造出聚合力量。

杠杆往往来自以下3项要素：

（1）洞察先机——事先正确判断未来最强烈的市场需求是什么，比如在公布开发计划之前先购买土地就是一例。提早买下土地，就能提前锁定之后可能出现的重大利益。洞察先机不是什么超自然的力量。比如你可能预见智能手机的使用量会飞速增长，于是投入大量心力，用于研发在未来可以依使用量收费的手机结构。

（2）看清重点——在关注点上作出调整，就可以大大提高未来的绩效。比如零售商店一般都很清楚，他们的顾客重视的是清洁和服务，而不是囤积一大堆知名品牌的商品。

（3）集中力量——将精力集中在少数几个目标上，有时可以带来更多的报酬。比如政治人物通常会选择那些能为受瞩目的少数人带来明显利益的计划，而不是能为所有人带来更大利益的计划。企业通常也比较偏好将资源投入到可以明显带来效益的地方。

例如，全球最大的电脑商在 1980 年找到比尔·盖茨，要他为他们的新个人电脑提供操作系统，他很聪明地说："没问题，这个我们可以做，不过我们要保留把软件销售给第三方的权利。"这就是关于杠杆的最好的例子，即先预见未来可能发生的状况，并看清在这个状况下哪些方面是核心和关键，然后在这些方面集中力量。只要能找对平衡点，杠杆就会成为你经营策略的绝佳力量来源。

力量来源 2　具体可见的目标

美国前总统肯尼迪在 1961 年登高一呼，宣称美国要把人送上月球而且平安返回地球，他不是说未来有一天要做到，而是希望美国能在 10 年内达成这一目标。这在技术上有相当的难度必须去克服，不过美国还是倾注资源进行这项实验，因为这个目标具体可见而且清楚明确，不空洞、含混。

第 2 个策略力量要求去除复杂性和模糊性，为组织设定积极而明确的目标。与其说"我们要卖出一大堆这种玩意儿"，不如说"在下一个计划年度，我们要制造和销售 1000 万台这样的产品"。这会创造出力量，因为大家可以依此去努力并设法达成这个具体目标，而不会把力量分散在其他几个可能的目标上。

再看美国计划登月的例子，在肯尼迪演说后的 2 年内，美国太空总署喷射推进实验室的工程师一直在打造"探测号"宇宙飞船，这艘无人驾驶宇宙飞船将登陆并环绕月球巡航，然后才会开始执行载人的太空任务。可是，工程师们一直无法完成"探测号"的规格设计，后来有一位主管明确指出，月球表面"粗糙不平，倾斜不超过15度，散布着各种大大小小的石头，大小不超过2尺"。他说的并非已知情况，因为那时没有人去过月球，不过这却是个具体可见的工作目标，让工程师们有了设计依据——而结果证明这种猜测也很准确。

优秀的策略者很清楚，这么做能够为企业带来关键的力量来源。把组织中的所有任务都缩小为一两个明确的目标，这样每个人都可以集中力量、更密切地进行合作，并且使做事更有效率。

关键思维

不论组织规模的大小，只要高层制订出清晰的大目标，就可以让下一级单位确立自己的目标，使他们定出明确的方向，然后依此类推，组织就可以顺利解决所有的细节问题。

——理查德·鲁梅特

力量来源 3 　环环相扣的系统

如果一套运作系统的整体绩效受限于最弱的子单位或环节，那么这就是一个"环环相扣"的系统。如果你的系统之中有较弱的环节，那么强化其他环节的作用就很有限。如果能排除较弱的环节或局限性因素，就能比对手更成功。

环环相扣的运作系统的代表性例子应该算通用汽车。对汽车制造业来说，如果按钮会从仪表盘上掉下来，车门把手又会咯咯响得很厉害，那么提升车子变速箱的品质，一点意义也没有。另外，如果设计师设计出的东西一直让顾客讨厌，那么，改善组装也是没有意义的。如果决策者懂得如何避免组织陷入这样的循环，就能拥有力量。如果他们可以通过可见的目标厘清问题、找出瓶颈所在，并建立务实的方法以突破障碍，就可以见到极佳的成果。如果通用汽车的高层这样说："好，我们来进行一项 3 年的拯救计划。第 1 年，我们要改善品质，让通用的汽车成为业界最

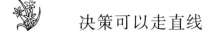

佳。有了高品质的产品可以提供给顾客之后，我们要再花 1 年时间专注于业务部门，培养各种技能和工具。然后在第 3 年，我们要节省成本，这样才能创造最大获利。"或许就可以避免破产的命运。

企业要建立和维持策略优势的一个方法就是将各项世界级的活动环环相扣地结合起来。设计和销售组装家具的瑞典商家宜家家居，就非常擅长这一点。该公司提供设计精良的平整包装家具，在宜家家居自己的产品名录上刊登广告，再通过其自营的庞大卖场来销售，从而将这几项活动灵活地结合在了一起。该公司对外采购家具，但自行管理全世界的物流系统。宜家家居通过这种方式建立起环环相扣的系统，将卓越产品带给顾客。

力量来源 4　规划

一个策略通常包含 3 项关键要素：

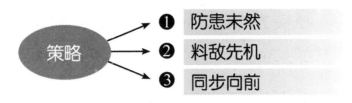

（1）防患未然——事先盘算好在开展事务之后可能会遇到的状况。

（2）料敌先机——思考竞争对手将如何应对。

（3）同步向前——让所有团队成员都朝同一个目标迈进。

如果能够通过规划将这些要件进行全面整合，然后加以实际应用，就能拥有很有价值的力量来源。好策略会协调各项方针和活动，并将其集中在组织最能发挥竞争力的方面。

经营策略的关键挑战通常在于如何找出竞争对手无法复制的资源，又不至于造成经济损失。如果拥有强大的资源，规划出最佳策略就不难。如果无法取得某一资源，这时策略上的挑战就在于如何设法建立可行的整合策略，以尽量减少对所缺资源的需求。如果你几乎没有什么策略资源，那么就需要通过灵活的策略规划，巧妙整合各项活动。总之，在任何情况下，只要能规划出最佳策略，就一定能拥有最大的力量来源。

关键思维

　　规划式的策略就是要灵活整合各种资源和行动，在艰难的情况下创造优势。在同样的资源条件下，竞争情势越是激烈，就越需要明智地将资源和行动进行密切整合。相反，如果竞争情势平稳，资源的品质越高，密切整合资源和行动的需求就越低。

——理查德·鲁梅特

力量来源5　聚焦

　　当公司以一个经营系统锁定某个特定市场、给顾客提供优于竞争对手的价值时，就实现了聚焦。能做到这点，公司就可以把握住所创造的大部分价值。这可以让产业规模较小的厂商有时也能创造比大企业还要多的获利。

我们以瓶罐制造商皇冠柯克－西尔公司为例进行说明。该公司专门经营喷雾罐和无酒精碳酸饮料的瓶罐制造市场，竞争对手包括大陆制罐公司、全国制罐公司和美国制罐公司。当其他公司在竞逐米勒酿酒公司等大客户，以赚取 4％到 5％的资产报酬率时，皇冠公司平均每年可以带给股东 19％的报酬率。

皇冠公司是怎么做到的？

◎皇冠公司强调顾客服务和技术协助，如果顾客遇到问题，皇冠公司的首席执行官会很乐意跳上飞机，亲自去看看是什么问题。皇冠公司和顾客的关系非常密切。

◎皇冠公司的工厂规模比较小，所以有办法进行灵活运转，也就是说该公司非常适合接急单。

◎皇冠公司的工厂产能都有余裕，随时可以应对季节性等意料之外因素导致的突增需求，这让该公司可以收取更高的价格。

◎因为皇冠公司的生产周期较短，每一个工厂都会有好几位顾客（比如说当地的饮料制造商），而不是只有一个类似米勒酿酒公司这样的大客户。这表示皇冠公司不会因为被大客户绑住，而必须压低价格。

这一切使皇冠公司的经理人得以掌握所创造的大部分价值，因为该公司有规划完善的合理策略，而且实施的成效非常卓著。

关键思维

基本上，策略的重点就是聚焦，而大多数复杂的组织都无法让资源得以集中运用，因为它们经常同时追逐好几项目标，没有汇集足够的资源去达成任何突破。

——理查德·鲁梅特

力量来源 6　成长

人人都爱成长。一般人都认为，并购带来的成长能够为股东创造价值，然而事实上，除非你能以远低于实际价值的价格买下一家公司或者你的公司具有可以创造价值的独特优势，否则要通过并购带来成长，通常只能是奢望。

那为什么很多企业会如此积极地想要通过并购来实现成长？常见的理由包括：

◎ 可以降低行政管理成本，因为这些成本分摊到了更大的顾客群之上。

◎ 可以留下重要的高级主管，因为他们可以轮调到外围单位，并购之后，他们一边管理原单位，一边等待领导整个企业的机会。

◎ 大企业领导者的薪资往往优于小公司的领导者——所以从高级主管的薪资来看，成长是好事。

◎ 整合之后的现金流量会充沛许多，因此在未来有能力做更大的生意。

◎可以取得更大的规模经济优势。

◎成为全球品牌比成为跨国品牌更有价值。

实际上，这些效益很少真正出现。不可否认的事实是，大多数主张并购的公司都付了太高价钱去取得被并购公司的控制权，结果预期效益却从来没有开花结果。

这一切都说明了，成长并非总是来自并购，重大的成长来自于不断进步和应变的能力，更来自于卓越的产品和技能。重大的成长往往是创新、效能和灵活的市场策略带来的报酬。能够想出如何提高市场占有量和获得优越的报酬率，就能在经营策略上获得绝佳的力量来源。

力量来源 7 优势

没有人可以具备全面的优势。如果可以找出自己有哪些强项，而这些强项正好是竞争对手的弱项，组织就掌握了极大的策略力量来源，就可以决定要擅用哪些对手的弱点，并且避免自己的弱点完全暴露出来。卓越的领导者通常很清楚彼此的差距有哪些，并将其转换成市场上的竞争优势。

但是，拥有竞争优势并不等同于具备高获利能力。要从竞争优势中创造价值，就必须运用以下 4 种方式，让策略能够发挥自己所具备的优势：

（1）让优势深化——降低成本、提高售价，当然最好能两项兼具。

（2）让优势广化——以现有优势为基础切入新市场、进入其他领域，或者让品牌有新的应用方式。

（3）为产品或服务创造更高的需求——采取能够扩大潜在顾客群的做法。举例来说，可以委托第三方机构进行研究，证明自己销售的商品优于竞争对手。

（4）让别人更难模仿你——取得知识产权保护，以现有的知名品牌名称开发出新的产品或降低具备专业技能员工的离职率。如果还能根据已经具备或研发出的新专利知识，不断推出衍生产品，就能让其他人更难与你竞争。

关键思维

有一些广告标语或推销口号宣称某一套系统、产品或训练课程可以带来"竞争优势"，这其实是误用了这个词，因为说是能让所有买了产品的顾客都享有优势是矛盾的说法。有些优势比其他优势有意思，能够帮助组织提升市场价值，这样的竞争优势才有意思。也就是说，一定有一些方法可以使你凭自己的力量，去增加价值。

——理查德·鲁梅特

力量来源 8　动态

当市场动态改变，就会发生各种各样的后续变化。举例来说，当微处理器的价格变得十分便宜，几乎所有产品都可以加上微处理器让产品更具智慧时，个人电脑产业的竞争优势就会从擅长系统整合的厂商（如 DEC 和 IBM），转换到拥有关系网络的厂商。这个产业就会变成水平结构的模块，而不是垂直整合。

如果可以预见当新科技出现时产业与市场动态的转变趋势，就可以取得未来可能很有价值的优势。在整体市场发生变化时，产业的转变往往是由以下因素触发的：

（1）各个方面的固定成本都在上涨——这可能使得在未来，只有规模最大的企业才有足够的资金进行产品研发。

（2）取消管制可能让竞争态势一夜之间翻盘——所以每当政府宣布重大的政策调整时，企业都要特别注意可能发生的剧烈转变。

（3）所有的预测都是推论与预估的东西——人人都期待目前的趋势可以完全适用于将来，但现实世界绝对没有那么顺利，而是会一再出现意料之外的起伏和纷扰。

（4）现任者和市场领导者永远不愿意作出改变——所以绝对不要期待龙头企业会为业界的发展带来改变，改变永远是从边缘开始的。

（5）产业往往会朝更有效率的生产方向发展——只要出现能提升效率的新构想，就一定会引起注意，不过新构想也不一定会就此取代旧有的方式。比如，大家都知道网络新闻具备成本效益的优势，但传统的报纸还是撑下来了，最后主导局势的可能是新旧科技的某种结合。

力量来源 9　惯性和乱度

企业惯性表示组织无法为应对不同情势而进行调整。乱度的意思是说，管理不佳的组织往往比较失序，也无法聚焦，因此即使市场很稳定，领导者还是必须在改善企业运作模式上不断下功夫。如果能够诊断出乱度和惯性的因果关系，建立合理而务实的变革指引方针，然后规划出整合行动来加以限制与调整，就能够取得珍贵的策略力量来源。

可能产生的惯性理由包括：

◎ 财务模型和经验法则已经不合时宜。

◎ 受现有企业文化的制约。

◎ 不想替换掉曾经获利丰硕的商品。

乱度可能来自于：

◎ 混乱和浪费的状况逐渐累积。

◎ 没办法清楚区分责任。

◎ 竞争的力气被用来对内。

如果能够看出组织的惯性或乱度问题并加以妥善应对，或能看出竞争对手的惯性与效率不彰问题，然后以此作为竞争优势，就可以增强策略力量。擅用对手惯性最好的例子，就是网上租片业者 Netflix 超越了百视达，因为百视达无法让自己放下主营零售店的经营模式。

关键思维

大公司即使是加足油门进行变革计划，也可能要花上好几年时间，才有办法调整其基本的运作模式。了解对手的惯性，跟了解自己的优势一样重要。转变一个复杂的组织是一种极大的策略挑战。

——理查德·鲁梅特

三 练就策略家的思考

要创造更佳的策略，就必须仔细思考你构思策略的方式。

❶ 把策略视为有待证明的假设
❷ 让假设接受深刻的批评
❸ 形成独立的判断

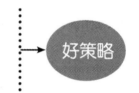

好策略 1　把策略视为有待证明的假设

有个好方法能让人了解什么是策略，就是把策略看成一种假设并证明其实际效果。执行策略是一种尝试，而通过尝试了解到的可行性报告是非常珍贵的。策略没办法靠机器生产，不是你拉一下把手就会跑出来的。必须先划定所要尝试的范围，然后去证明策略可行或不可行。

我们举星巴克创办人霍华德·舒尔茨为例来说明这一点。舒尔茨在 1983 年造访了一家位于意大利米兰的意式咖啡吧，他很惊讶米兰这样一个和费城差不多大小的城市竟然可以让 1500 家咖啡店全都生意兴隆。他想，这种意式咖啡的体验是否可以在美国重现。

在美国开咖啡店可不是什么新鲜事，不过舒尔茨直接在美国复制了一家意式咖啡吧。他新开的店在装潢上也采用意式风格，而且没有座位，因为米兰的意式咖啡吧都是让客人站着喝。浓缩意式咖啡都是用陶瓷的小咖啡杯装，店里播放着歌剧，而且服务人员都打着领结。

如果舒尔茨继续保持这样的经营方式，他大概会是一位自豪的地区咖啡吧老板，但是他做了更全面的尝试。他开始试验各种不同的做法，并分析顾客的反应：

◎ 不播放歌剧，饮料单上的文字用的是英文而不是意大利文。

◎ 让咖啡师的穿着更轻松自在一些。

◎ 推出纸杯装，提供外带服务。

◎调整饮料单，提供用无脂牛奶做成的拿铁，并创作出各种手工制作的饮料。

舒尔茨逐步进行这些改变，将意式咖啡吧的体验当地化，以迎合美国人的口味。该公司几年之内就获利了，而舒尔茨也开始不断开分店。到1992年上市时，星巴克已经有125家店与2000名员工。10年之后，星巴克变成了美国的象征，全世界有4700家店，营收达26亿美元。

星巴克具备良好的管理模式，也擅用了美国连锁经营模式与上市募资的优势，不过其成长的关键因素还是在于，舒尔茨将他的策略视为假设，并逐步去印证其可行性。他先提出构想、搜集资料、研究这些资料的意义、发展出改善后的新假设，然后再加以测试。这个反复操作的过程就叫做"科学归纳"，任何成功的企业想要维系成功，这都是一项关键要素。

我们可以从中学到的经验是，如果你想定出严谨的经营策略，就要实际进入市场，找出各个可行和不可行的因素。如果你能够比别人懂得更多，你就可以超越对手。如果对手先发制人，你就会陷入辛苦的挣扎。所以，你需要作出有根据的推断，判断什么做法可行，然后在实践中检测你的推断是对是错。

关键思维

　　好策略是以功能性知识为基础的，这类知识可以告诉我们哪些做法可行、哪些不可行以及原因又何在。普及的功能性知识非常重要，但也因为人人都可以取得，所以通常不会有决定性的影响。最珍贵的功能性知识是知识产权，前提是只有你的组织可以取得。好策略的基础来自得之不易的功能性知识以及有机会创造这类知识的新策略。

——理查德·鲁梅特

好策略 2 让假设接受深刻的批评

要建立好策略，就不能跟其他人一样急功近利。这点并不容易做到，因为要建立策略就必须对产业有相当的了解，而当你对产业累积的知识越多，要改变思维就会越发困难。最后你就会用跟大家一样的方法，去应对所面对的挑战。

要加强自己拟订策略的能力，就要养成 3 种看来有点违背常理的习惯：

（1）不断提醒自己策略的内核模式——也就是说好策略必须具备：

◎ 能够诊断目前的状况。

◎ 具备有价值的指引方针。

◎ 整合向前迈进的行动。

能够引发绝佳策略的灵感，很可能就来自这 3 项要素——在你诊断状况、思考指引方针或是规划行动方案的时候。要特别留意突然出现的灵感，然后好好把握。

（2）完全从问题和解决方案的角度，去思考策略——清楚明确地界定自己要解决什么样的问题以及你的解决方案的吸引力是什么。不要只是想着自己过去做了什么事，而要专心思考现在为什么要做这件事。如果能这么做，你的策略就会更有成效、更切合实际。

（3）时时让你的策略接受最严厉的批评，寻求其他人的见解——而且请他人特别点出策略错误之处以及你思考中的疏漏。如果有人愿意残酷但诚实地告诉你实话，你要心存感激并且善用他们的建议。如果没有这样的人，你就要自己跟自己对话。想象你要向史蒂夫·乔布斯推销你的构想，而他最有名的一点就是对笨蛋绝对不留情面。试着想象他会说你的构想是"好得不得了"还是"人类历史上最笨的构想"。

不论在工作还是生活中，要作出好的判断并不容易，但敝帚自珍的做法是得不到好的判断的。你要作出稳健的策略，就要让策略接受最严苛的批评，用严厉的批评促使你的策略刀枪不入。

关键思维

摧毁自己的构想并不容易，也使你感到不舒服。在挑剔自己的看法前，你心里一定会经过一番挣扎。就我个人来说，我靠的是其他人的帮忙——我在自己的脑中组成一个虚拟的专家小组，这些小组成员的判断，我都非常重视。我通过和他们进行的内在对话去评论我自己的构想，并激发新的想法。在真正提出想法之前，我通常会先这么思考一遍。

——理查德·鲁梅特

好策略 3　形成独立的判断

商业上确实存在着"盲目从众"的危险现象。我们常常可以看到决策者形成策略的根据，不是最近的股市信息就是其他明显不相干的外部因素。2008 年的金融危机清楚地说明了信用泡沫会发生什么状况。贷款泛滥再加上审核标准过于宽松，抬高了房地产和权益的价格，然后这些新增加的资产价值又被用来当作担保品再次贷款。很快地，借款者资金杠杆过大，而放款者发现用以抵押的资产的价值只有当初的一小部分，于是整个体系一夕崩塌。

当你看见别人行动，就会以为他们知道什么你不知道的事情，紧接着就会发生盲目从众的现象。盲目从众就像某种形式的相互取暖，可能造成各种各样不明智的决策。当你以为其他人正在注意某些问题，你认为只要跟着他们走就没问题时，这就是盲从。

人还有一种倾向，这种倾向跟盲从几乎是相伴而生的，就是以为"这次不一样"，即旧规则不再适用于这个全新的世界。这种自以为是的思考最明显的例证就是 20 世纪 90 年代末的互联网热潮，还有 2008 年的金融和经济危机。

想要拟订和执行好策略，就不能在沸沸扬扬的喧闹中，放弃你自己的判断。你必须在重要议题上形成自己的独立判断，然后拟出独特的策略，来应对最重大的挑战。别忘了，好策略的核心永远包含 3 大部分：

好策略
① 诊断问题——看清眼前挑战的本质
② 指引方针——你所选择的整体做法
③ 一致行动——按指引方针采取步骤

关键思维

从众的压力会让我们觉得，反正大家都这么说，一定没问题（或者是一定有问题）。这种自以为是的想法会让我们忽视过去在其他地方取得的教训，然后相信我们的公司、国家、新事业或时代，已经不同以往了。我们一定要克服这种偏见。要克服偏见，可以去关注有哪些现实状况驳斥了那些异口同声的论调，并且从历史和其他人在不同领域的经验中学到教训。

独立且谨慎地评估情势，将独立的见解应用于精心规划的目标之上，才能够产生好策略。坏策略是盲从的结果，即把流行的口号当作见解。要怎样做到独立判断而不偏激，提出质疑又不会被视为存心捣乱，是做人最困难的事情之一。

所谓"策略"和"策略性"等字眼，常常被滥用来装点高级官员所作的决策。然而，"策略"这个词，不应该只是被这些决策者拿来炫耀自己的层级有多高。"策略"这个词的真正意思，应该是面对重大挑战时的完整应对方式。好策略包含一套完整一致的行动。一项策略若无法区分哪些行动看起来可行，哪些可以立即执行，那就是忽略了重大的关键因素。拟订策略时需要思考如何增进组织的利益。领导者可以先订出目标，然后将该怎么做的工作交给其他人。不过这不是策略——很简单，这叫做订立目标。

——理查德·鲁梅特

实证领导

Results that Last

Hardwiring Behaviors that Will Take
Your Company to the Top

昆特·史图德（Quint Studer），毕业于美国威斯康星大学白水分校，主要在医疗保健领域发展，曾任芝加哥"圣十字医院"首席营运官以及"浸信会医疗集团"总裁，现为企业领导顾问公司"史图德集团"创办人兼首席执行官，专门协助组织规划"实证领导"制度，经常发表演说，并著有《落实卓越》一书。

本文编译：王约

·❧ 主要内容 ❧·

实证领导

当英特尔前首席执行官安迪·葛洛夫得了前列腺癌时，他不厌其烦地搜集和追踪所有医疗资讯，比较各种治疗方法的优缺点和风险，搜集最可靠的事实证据来指引自己的医疗决策，这是受过良好训练的工程师和科学家会做的事。发展自医学界的实证研究也开始被运用在商业领域。通过实证领导，企业领导者可以看到坚实的事实证据，并能根据最佳事证来采取行动，进而赢得竞争的胜利。

实证研究可以为管理界提供有用的参考。以企业并购为例，如果通过研究发现并购的企业双方规模相近、企业理念或文化比较类似，成功的几率通常会比较高。对网络设备制造商思科公司来说，并购是重要的发展策略。思科的并购案大多很成功，主要是由于它慎选并购对象，考虑规模、文化等因素，并在每次并购案进行之后仔细评估与检讨，因此可以从每次的个案中累积经验作为日后的参考。此外，实证的来源可以通过学术研究所归纳出的结论得到，也可以通过机构本身根据事实不断地尝试及改进得到，重点在于要确保找到最真实的回馈。比如雅虎入口网页的搜寻栏位置，就是在测试了20多个不同位置后，从中找出使用率最高的位置，才确定搜寻栏最终落在何处的。

长青绩效

通过实证领导模式在组织内部由下而上建立起一样的目标、一致的行动与一贯的程序，让领导工作标准化，就能为组织创造长青绩效。

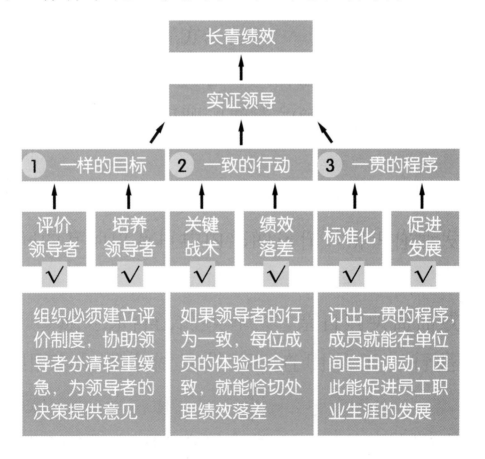

实证领导——
缔造长青绩效最坚实的方法

有哪些因素能够为组织带来卓越的绩效呢？一般认定的因素其实并不合理，举例来说：

◎ 出色的产品或服务有助于缔造绩效，可是竞争对手可以轻易地依样画葫芦。

◎ 员工可能堪称胜任，甚至非常能干，可是天天都有人离职。

◎ 担任领导工作的人也是来来去去。

缔造长青绩效最坚实的方法就是运用"实证领导"，也就是实证医学的企业版。

实证医学是自大量患者身上取得数据并加以分析，借以找出最适宜的治疗方式的医学理论，从统计学上来看，这些疗法最有可能达成最理想的疗效。同样，实证领导也需要检视许多组织缔造的绩效，从中找出最有效的管理方法，然后在公司上下贯彻实施这些行之有效的战术。

实证领导就是要根据最有效的架构，将组织内的领导方法标准化，而不是纯粹靠个别领导者的领导魅力（更何况有的领导者还不具备这种魅力）。

关键思维

缔造长青绩效必须靠领导力，各个领导者、部门和单位都必须具备同样杰出的领导力。将正确的领导方法标准化，你会发现组织绩效会全面提升，而且是持续提升。

——昆特·史图德

一　实证领导的 3 大战术

即便领导者在采取实证领导方法时，只运用了下列 3 大战术，也能获益无穷。

战术 1　实施"不进步就淘汰"的约谈制度

你处理表现欠佳的成员的方式会对整体绩效造成极大影响。如果不能用系统的方法让表现欠佳的员工提高工作效率或请他们另谋高就，那么整个组织就可能充斥着表现平平或欠佳的成员，这些人在工作时只求蒙混过关。

安排固定的约谈时间，让领导者跟成员一对一面谈，并针对成员的表现给予评价，做法如下：

◎ 对于绩优成员，重点要放在说明组织未来的发展方向、感谢他们的贡献等方面，并了解他们有哪些需求，例如职责、培训或发展机会等。

◎ 对于表现平平的成员，重点则要说明组织为何看重他们，并且商定在下一次约谈前，成员应该在哪些领域有所提升和进步。

◎ 对于表现欠佳的成员，则要采取"DESK法则"来处理：

- 描述自己观察到的成员表现。
- 评价与估量成员表现所造成的问题。
- 详述哪些事项必须改善。
- 告知没有进步的后果。

只要能持续实施约谈制度，并且落实每次约谈的结论，那么绩优成员就会觉得自己受到器重，因此会更加投入；表现平平的成员将受到鼓舞，努力提升工作效率；而表现欠佳的成员则会警觉到自己必须进步，否则就得滚蛋。采取这种约谈方法能让组织成员尽量发挥潜力，而这正是实证领导的目的。

战术 2　用巡视推动成果

就像医生每天要巡视病房一样，企业经理人

如果能每天巡视直属部属，对企业发展也会很有帮助。通过这种固定的访视，领导者可以回答部属问题、确认部属是否顺利取得所需资源，并且大致掌握目前的项目进度如何。总之，例行访视对经理人来说是绝佳的方法，可以帮助他们系统地搜集资讯。

要成功做到这点，可以采取下列方法：

◎先露点口风给员工——这样员工才能了解定期访视是跟你互动的好机会，不是你要借此监视员工或什么都管。

◎自己要先做好功课——这样才能了解员工正在处理的问题严不严重。要建立合理的讨论基础。

◎尽量培养个人交情——这样才能真正建立起双方之间的互动关系。

◎记录谈话内容——这样才能为之后的会议提起先前讨论的事项以及想出解决方案提供备案。要做到这一点就必须做好工作日志。

◎访视时提出的问题要合理，例如：

- 今天有哪些事情进行得比较顺利？

- 你认为我应该嘉奖哪些同仁？

- 必要的工具和设备是否都充足？

- 哪些制度可以更完善？

◎向员工保证自己会尽力解决难题——而且一定要确实做到。在一次次访视中说明自己采取了哪些方法来解决问题，即使受到不可抗力的事件影响，也要清楚地说明。如果不做说明，员工就会认为你光说不练。

◎嘉奖获同事认同的绩优员工——方式要别具意义而且具体。嘉奖越广为人知，传达出的意味就越强烈，好让大家都了解绩优表现才是理想目标。

◎频繁访视——可以的话，每天一次。访视的次数越多，就越能激发动能，缔造更理想的成果。假以时日，员工会把访视看成你管理风格的一部分，还会期待你的出现，可千万别让他们失望。

战术3 向上管理

向上管理的意思是要设法排除"人我之分"。所谓"人我之分"也就是大家都只强调自己的功劳，却把问题过错全都推给其他组织成员。如果能够做好向上管理，员工就会用正面态度看待其他部门，也就能让组织的各单位衔接顺畅。

顾客最讨厌遇到内部协调不良造成的问题，所以让各部门确实做好衔接，对组织来说是最有利的。要推动组织文化转变，借以促成向上管理，可以采取下列方法：

◎调查员工态度——这样才能了解基本状况，用以在未来评价与估量工作进度。

◎向上司提出访查报告——用来说明组织目前的状况。这样可以鼓励上司更频繁地访视，也更常出现在大家面前。

◎向上司推荐值得嘉奖的员工——请上司对员工的杰出贡献给予奖励。可以建议上司用亲笔写感谢卡等方式来表达嘉勉之意。

◎协助一线员工了解产品以及公司成员——这样一线员工才能从容而自然地向顾客说明，为什么要跟自己有业务往来。

◎促进员工之间开诚布公地对话——这样员工才会习惯对彼此坦率直言。鼓励大家随时都可以成熟对话。

◎规划搜集书面意见的制度——让员工确实了解其他部门要达成什么目标。如果大家都能更加清楚彼此的动态，也能定期评价、估量彼此的表现，就可以排除部门之间最常见的互斗行为。要使这些制度有效运作，就要让大家敢于直言。倘若组织只能收到不具名的贡献和提议，那么这套制度就无法成功运作。

关键思维

客观的评价估量制度可以将领导者推上临界点，使领导看出员工之间的绩效落差，并让领导者得以处理表现欠佳的员工。简单来说，评价估量制度可以让组织从困境中破茧而出。评价估量领导绩效最为重要，如果没有先设定目标并实施客观的评价估量制度，就无法有效引导行为。

——昆特·史图德

二　实证领导所依据的 5 大核心哲学

实证领导所依据的哲学，能让组织成员都朝同样的目标努力，并且抱持同样的责任感。

核心哲学 1　奠定扎实的基础

领导者必须先奠定以下两项基础，才有办法改造组织：

（1）第 1 项基础——惯性循环。

员工都希望自己的工作有目的性与价值感。而理想工作的 3 项核心价值是：

◎ 热忱——如果员工对工作有热忱，就会主动努力工作，不需要有人督促。

◎ 原则——员工需要的是行事规范，用以说明待办事项和职责所在，而不是一步一步的具体指示。

◎ 绩效——必须让员工透彻了解组织绩效，

这样大家才能看出哪些做法有效，哪些无效。

一定要了解上述循环并且尽量妥善规划，借以提升"热忱""原则"和"绩效"。当员工越主动努力工作，就会越想养成合适的行为和方法，进而改善工作环境、提升长期绩效，最终创造更高的组织成就。这一切都始于上述循环的核心，也就是要为员工提供理想的工作机会，让员工因为有机会缔造成效而觉得自己的工作有意义。

（2）第 2 项基础——卓越的 5 大支柱。

除了让成员发挥能动性之外，组织还必须设定目标，并且评价估量实现目标的进度。有助于做到这一点的最合适的组织架构，就是全力树立卓越的 5 大支柱：

卓越的5大支柱				
服务 ①	品质 ②	人才 ③	财务 ④	成长 ⑤

这5大支柱形成绝佳的架构，可以让组织在短期目标与长期目标之间取得平衡。5大支柱会相互影响，因此只要在一个领域中努力，通常也能对其他领域带来后续效益。这5大支柱形成的健全架构，可以用来达成下列几点成果：

◎ 界定何谓"卓越"。

◎ 找出要全力投入的关键领域。

◎ 评价估量绩效并追踪目前的进展。

◎ 有系统地评价估量领导者的作为。

◎ 驱策组织达成卓越。

◎ 与利益关系人沟通核心价值。

领导者必须做到的一大要务就是协助员工串联起各项事务并看到更远大的目标。只要员工了解自己的作为对于组织要达成的目标有什么帮助，就会更加投入。同时运用惯性循环和5大支柱这两种模式，就能为未来奠定扎实的根基。

核心哲学 2 减少不同领导风格之间的差异

假设公司有 200 位领导者，那么要处理同一件事情往往就会有 200 种不同的方法。如果可以消除这些差异，把各项做法标准化，就能在达成目标的过程中系统地调整与改善做法。

如果各个领导者的作为不能标准化，就很难走向卓越。要减少各种领导风格之间的差异，可以采取下列办法：

◎ 设计标准的讨论格式——让各种会议都能够采用。这能带来必要的连贯性与一致性。

◎ 用"卓越的 5 大支柱"作为评价估量领导者的一致标准。

◎ 提供领导者的完整意见与看法，让部属分享——这样大家得到的信息和资料才会一致，不会经过转述或过滤之后变得前后有区别。

◎ 招聘也要标准化——这可以让某个部门聘任进来的员工的水准跟其他部门聘任的员工大致相近。

◎设计标准答案，让领导者用以回答员工提出的艰涩问题——因为这样可以帮助员工建立信心，同时证明组织确实在朝同一个目标迈进。

◎培养领导者的各项基本能力——使领导者得以很专业地处理各项事务。

但奇怪的是，许多组织印制了厚厚的指导手册，详列了企业的各种规范，却容许领导者用大相径庭的方式进行领导。其实，只要运用上述战术来减少不同领导风格之间的差异，任何组织都能产生更高的营运效能、营造出更好的气氛来激发创新，并且缔造更理想的长青绩效。经理人的措施越趋一致，各项经营制度也就会随之越趋完善。

核心哲学3　运用评价估量制度追求进步

任何经营活动只要被评价估量就会有进步，而要取得长青绩效，组织必须做到以下几点：

◎界定具体的目标。

◎采用一贯指标来评价估量政策的执行

进度。

◎ 让员工负起缔造成果的责任。

◎ 让行为越来越趋近于有效的做法。

如果没有严谨、客观的评价估量标准，就难以判断领导者推行的各种创新做法究竟有没有成效。要擅用评价估量制度求取进步，明智的领导者会做到下列几点：

◎ 频繁评价估量所有方面——这样才能尽快看出执行活动的进展如何。这么做不仅可以激励员工，还能正面促进行为改变，让组织能及早做出相应的调整。

◎ 运用相关的财务评价估量制度——因为大多数基层员工并不了解所属产业的财务运作状况。如果员工都了解股东和董事会所面临的各种压力，他们的表现就会不一样。尽量每月公布财务状况，并教员工如何解读，这样他们就会更积极地投入工作。

◎ 教会员工计算各项战术的投资回报率——

在执行不同做法的过程中，决策者可能会提出各种有价值的新构想，教会员工计算投资回报率可以让他们更能接受这些构想。如果能帮助员工有效区分营业支出和在顾客满意度上的投资，员工就会懂得要尽量节省支出与增加投资。

即使针对5大支柱设定了目标，但是如果缺少严谨、客观的评价估量标准，也无法清楚看出工作的整体进度。这样会让员工士气低落，因为他们无从得知自己目前的所作所为到底有没有实际成效。评价估量制度既能辅助组织实现目标，还能让公司上下的行为都趋近于理想模式。组织能否长期保持成功的关键有时就在于评价估量制度的效力。

核心哲学4　让行为跟目标一致

如果能建立客观的评价估量制度，让领导者都有担当意识，组织自然会迈向巅峰。定期实施客观的评价估量措施并持续落实，就能创造长青绩效。

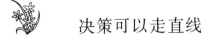

定期评价估量领导绩效可以让组织在未来达成卓越的目标。理想的定期评价估量做法包括：

◎为领导者设定5大支柱架构下分别需要达成的目标——并且协商出各项目标所要运用的评价估量指标。另外还应该事先协商出什么样的绩效算一般，什么样的绩效才算杰出。

◎区别5大支柱的重要性——这可以反映领导者在组织中扮演什么角色，也能让各个领导者清楚地了解应该把哪些事项放在优先位置。

◎制订明确计划来实施与推动评价估量制度——这样大家执行起来才能步调一致。

◎制作每月进度报告——详细列出目前已经达成的短期目标。这可以发挥先期预警的效果，帮助组织看出潜藏的问题，标示出有哪些地方需要更多协助或指导。绩优员工也可以通过每月进度报告来树立自我评价估量的标杆。

◎制订90天计划——这是用来考察年度目标达成进度的绝佳工具。规划出接下来的90天要进行哪些工作，就不会到了最后一刻手忙脚乱。每季更新 90 天计划是找出哪些方面还需要加强的大好机会。

核心哲学 5　栽培领导者

一定要建立培植组织未来的领导者的内部通道，少了培植通道，任何作为都不过是权宜之计。组织在未来会需要卓越领导者，所以必须栽培出和组织的价值观、使命与目标相符的各种人才。

培养领导力一定要从组织的高层开始做起，由首席执行官主导进行。推动领导力培训计划时，首席执行官一定要亲自出面并且全程参与，否则大家会认为领导的想法虽然立意良善，但是心口不一。

另外还必须投入心力训练每一位领导者，如果只训练少数几位，那就无法改善组织状况。因此要让所有人都为自己负责的事务精益求精。

此外还要谨记，领导力的培养会经历以下 5

个阶段：

（1）蜜月期——大家都兴致勃勃地期待领导力的训练，这时应该建立相应的制度。

（2）回归现实——有些领导者积极投入，有些却有所迟疑。这时必须持续推广训练能带来的益处。

（3）出现绩效落差——表现平平和表现出色的领导者之间，绩效渐渐出现差距。如果这时不持续推动下去，就会一事无成。

（4）开始呈现一致的成果——因为大家都开始明了成功的关键是什么，也开始懂得运用正确的方法。

（5）组织领先其他同行——因为成员的各项作为都会自动去追求 5 大支柱中所说的卓越表现。

在上述各阶段中，组织都可能遇到障碍，使进度停顿下来，所以要能预测组织在哪个阶段会遇到障碍，并事先规划好如何带领员工渡过难关。给予员工必要的训练和新技能，这样组织才能缔造真正的长青绩效。

关键思维

我们所说的重点是要帮助员工了解工作的前因后果。把点连成线就是要让员工更清楚地了解公司目前的实际状况，提醒员工，他们每天的工作都是有目标的……是有价值的……也是有实际成效的。当员工打从心底真正理解这些，也就能真正开始创造长青绩效。

卓越不是完美的同义词。犯错真的无伤大雅，因为犯错也是成长的一部分。要努力在组织内营造支持员工的环境。

——昆特·史图德

三　实证领导的7大员工战术

实证领导的核心观念就是领导者必须能够判断员工希望他们做些什么，并且找出最有效的办法实现员工的希望。全体员工拥有的知识会汇聚成庞大的资源库，如果能够提升员工的责任感，组织就能从这些资源中获益。

员工战术1　让员工满意

从统计结果来看，员工的满意程度会直接影响组织的营收。满意度高的员工通常都乐意多为顾客尽点心力，而满意的顾客不仅会在未来跟你更频繁往来，还会向亲朋好友推荐。这种正向循环的起点就是满意的员工，所以尽力让每位员工满意是绝对有道理的。

员工处于下列状况时会最为满意：

◎ 在拥有正确目标的组织中工作。

◎ 觉得工作重要而且受到重视。

◎ 有机会缔造实际成效。

想让员工进入最理想的状态，可采取下列做法：

◎ 持续贯彻日常巡视制度——这样领导才能了解员工什么时候状况不佳，需要有人打气。

◎ 定期掌握员工状况——询问员工工作进展情况以及有哪些状况需要改进。

◎ 建立信誉——用实实在在的方式让员工满意。

◎ 让杰出员工跟其他优秀的同仁一起共事——他们会觉得大家都力求有所表现。

◎ 将员工的成功做法加以扩大运用——这样就可以不必从零开始。

◎ 让所有人都能取得必要的工具和资源——因为欠缺必要工具是最让员工气馁的事情。

◎ 所作所为必须完全公开透明。

◎ 充分授权——给员工充分的空间去追求卓

越，而不是只求达到最低标准。

员工战术 2 找出真正能激励员工的方法

领导者应该时刻思考的问题是：什么方法才能真正激励这名员工？

如果找到上述问题的答案并确实满足对方的需求，就能让员工士气大振，员工将展现出前所未有的工作效能，使绩效一飞冲天，而顾客也会感到更加满意，组织获利便会随之大增。

那么到底该如何找出真正有效的激励方法？可从以下 4 种方法着手：

◎ 以书面方式进行正式的员工满意度调查——通过调查中出现的问题，找出哪些激励措施还没做到，接下来确实采取行动加以改善。

◎ 在日常巡视时仔细观察——从蛛丝马迹中观察员工的状态，注意倾听员工说些什么，听出他们的弦外之音。

◎ 发电子邮件给所有员工——直截了当地问员工："你接受过的最棒的嘉勉和奖励是什么？

是否希望在未来获得类似的嘉勉和奖励?"员工给你的回答就是最能激励他们的办法，也是能在未来持续激发他们热忱的办法。

◎询问每位访视对象——开诚布公地说出自己的目的，找出能激励他们的办法。

要确切了解激励员工的办法是一大挑战，但如果无法确实满足员工的需求，空有这些想法也没有太大意义。必须让大家看见你尽力去做这件事了，你越能满足员工的需求，员工也才越可能去满足顾客的需求。只要能持续推动这种循环，营运自然会越来越顺利。

员工战术 3　延揽潜在的优秀人才

就算建立了稳固又活跃的企业文化，如果雇用来的新进员工和企业文化格格不入，也毫无意义。这种情况很可能让你退回原点，无法帮助你达成未来的理想目标。当然，除非你能确定新进人员有助于保住得来不易的成果，才值得对他们加以延揽。

想要延揽能融入企业文化的人才，可以采取下列做法：

◎让更多同事参与面试——因为让员工有机会密切参与招聘活动，他们就会比较关心新进人员的表现。

◎制订同意书，说明组织的绩效评价估量标准——让每位应征者阅读并且签名。最好让应征者在正式获聘之前就签好这份同意书，这样一来，如果应征者不愿意配合组织的价值观来调整自己的行为，就可以将其先行过滤掉。

◎制作决策矩阵——订出自己寻求的技能组合和人格特质以及各项的权重，然后用这个矩阵排出各个人选的优劣次序。这种办法很有帮助，可以让选材更为客观并加速决策过程，也能把决策过程中的非理性因素减到最少。

◎决定雇用某个人之后，要在他到职第 30 天和第 90 天时与他面谈——这样才能彻底了解组织和新进员工对彼此的看法。这类面谈也能大幅减少人员流动。在面谈时领导可以提出下列问题：

· 我们的状况跟你预期的有何不同？

· 你喜欢新工作中的哪些部分？哪些部分做得比较顺手？

· 你过去工作中的哪些内容对我们可能有帮助？

· 有哪些不习惯的地方？

· 有没有认识什么人可以让团队如虎添翼？

员工战术 4　培养责任感

理想的情况是能让员工对组织的目标抱持坚定的信念，愿意为了达成目标而辛勤奋斗。这种员工拥有极高的责任感，不会只局限在自己的职责范围之内，而是想着要缔造实际成效。换句话来说，就是要让员工的行为举止像企业主，而不是受雇者。

要想营造出"匹夫有责"的气氛，可以采用以下几项诀窍：

◎定期分享资讯——要完全透明，并持续提供详细的资讯，还要规划各种沟通方式，尤其要帮助员工解读财务资讯并加以清楚说明。让员工对各种现况都了如指掌，他们就能有所贡献。

◎让现有员工参与招聘活动——员工会非常乐意协助新进人员融入环境。

◎花时间让员工了解各项工作的目的——这样，所有员工都能把各自的工作跟组织目标联系起来。一开始这会耗费相当多的时间与精力，但假以时日，员工会因为了解工作的根本目的而更加积极主动。

◎提供高级员工训练课程——这样他们就会明白组织相当重视员工在职业生涯发展上的需求。课程绝对不能只是符合组织目标，更要满足员工个人的需求。

◎实施客观的绩效评价估量制度——公开透明地搜集各种资料并加以评价估量。

◎责任要交付得清楚、具体——这样员工才

能明白组织交付的责任是什么。不要理所当然地认定员工会想通自己该做什么，而是把要交付的责任写下来，让他们可以朝清楚而明确的目标努力。另外也要清楚说明，哪些部分交由他们自行斟酌，哪些不行。

员工战术5　擅用所有人的智慧

如果员工对于公司所从事的业务拥有实务经验，他们就等于是蕴藏新构想的宝库。只有相对少数的组织懂得挖掘这些资源并且将其发挥到极致，如果能想出可行的方法来运用成员的智慧资本，组织就能突飞猛进。

做到这点最有效的办法大概就是制订用来激发新构想的计划，计划可用"妙点子"等类似的名称来命名，然后按照下列方法在公司内实施：

◎设立明确的目标——这项计划的目的是主导发展方向，还是集中全力做好5大支柱中的某一项，或者只是鼓励更多员工参与？

◎推广计划目标——让所有员工都能步调

一致。

◎建立评价制度——最好是由首席执行官亲自审阅员工提出的各种构想。

◎嘉勉并奖励真正有创意的构想——根据各项新构想带来的获利给予员工相应的奖励。

◎训练公司领导者擅用这些构想——先让他们接受这些构想，再让他们尽力想出可行的办法来加以运用。

◎成立监督委员会——有些构想很快就被员工的直属领导驳回，所以，要赋予监督委员会权力，让这些构想有起死回生的机会。这个委员会要检视各种被驳回的构想，确保有价值的构想不会因为内部角力而不见天日。

◎制订跟踪新构想的办法——这样当初提出构想的员工就会感到责任更为重大。同样，追踪制度也要适用于公司领导人。建立完善的跟踪制度，让员工了解公司是否有效运用他们提出的构想。如果大家知道自己的构想不会就此销声匿迹，他们会更有动力在未来贡献更多新的构想。

员工战术6 嘉勉并奖励员工的成就

只要公开某种嘉勉行为，通常就会有人效法。因此，只要找出组织中有哪些成员表现杰出，然后对他们的努力给予嘉勉和奖励，自然就能鼓励其他成员向他们看齐。有几项要诀可以让组织内的嘉勉和奖励计划取得更大的效果，包括：

◎鼓励要具体——不要再说"干得好"这种不痛不痒的话，改说："我对你的表现印象非常深刻，比如……"

◎在日常巡视时就要给予嘉勉——在工作日志中详细记录哪些成员表现突出，每隔一段时间就为这些杰出成员举办庆祝活动。

◎常给成员写感谢卡——还要鼓励其他领导人也这么做。

◎用特殊的方式表扬团队的成就——即使是一些简单的方法，比如在达成目标时敲几声铃，然后再提供一些小点心，这都可以大大增加员工的工作士气。

◎嘉奖要持续——不要这个星期大张旗鼓地奖励员工提出的构想，下个星期就无声无息，这样会让大家认为你只不过是在作秀。要真心感谢员工，并且时时用有意义的方式来表达自己的谢意。

员工战术 7　找出精彩的故事

人人都爱听披荆斩棘、获得成功的故事。你的组织中应该有许多成员为了让顾客满意，付出了超过自己职责范围的努力。如果能挖掘出这些丰功伟业，把这些成员视为组织的英雄人物，就能带来意想不到的效果。

那么，该如何发掘这些故事？可以采取下列做法：

◎要求所有经理人四处访查——只要发现有员工给顾客提供了卓越的服务，并为组织带来了成效，经理人就要记下来并让你知道。

◎关注顾客的意见——因为顾客若能获得出色的服务，常有可能向你们公司表达谢意。

◎要积极发掘故事——主动致电顾客，请顾客描述公司提供的服务如何。探探顾客的口风，看看有没有员工的表现超越了顾客的期待。

◎制订完善的嘉奖计划——每星期定期表扬某些杰出员工。

关键思维

能够让员工感觉受到赏识，就会使领导者意识到他自己从事的是多么崇高的工作。奖励与嘉勉能让员工了解他们的努力是值得的，而给予嘉奖也能使领导者的工作变得有意义。提升所领导的员工素质，其实也是在提升领导者自己的个人魅力。

嘉奖员工的目的是要在务实的基础上创造稳定表现，也是为了营造追求卓越的组织文化。良好的组织文化一向比策略更有效。有了良好的组织文化，再加上绝佳的策略，就能所向无敌。

所有组织都会有缔造功绩的英雄，这些人的表现超越了他们本身的职责范围。他们的作为体现了公司的目标、宗旨和正面的文化追求。表扬这些英雄是非常重要的，把他们的故事跟组织内外的人分享。这些英雄体现了公司最高远的价值观，可以成为大家见贤思齐的模范，还可凝聚同仁的心力，并用强有力的方式激励众人。

组织中的故事会逐渐变成组织文化，故事越精彩，组织文化也越有吸引力，还不赶紧去挖故事！

对大多数组织来说，在一开始缔造成果并不是难事，问题在于如何持续保持成功。

——昆特·史图德

四 实证领导的 4 大顾客战术

成功的组织用来营造服务文化的工具和技术各有不同。只要组织能从顾客的角度来理解什么才是"卓越服务",就有能力规划各种办法,为顾客持续提供优质服务。这么一来,顾客不仅会继续惠顾,还会向朋友推荐,这两种行为能够推动正面循环,而且会促使组织自动运转。

顾客战术 1 建立非凡的服务文化

在全球化经济环境中,组织的服务水准将是成败的关键。所以,企业必须了解在顾客的眼中什么才是"卓越服务",然后尽全力让顾客可以持续享受这样的服务。最终,组织对顾客的服务水平将决定组织的成败。

要让服务水准保持稳定,必须制订要求所有员工都得达成的标准。要实现这一点最有效的做法是制订书面规范，明确日常服务应该达到的水准，然后让员工签名保证将全力以赴为顾客提供优质服务。标准一定要清楚，不要含混不清，这样，员工就不会有疑虑，目标也就可以清楚凸显。

要制订正式的服务标准规章，可以采取以下7个步骤：

◎ 寻求所有员工的意见——尤其是一线员工的看法。整合所有人的构想，让大家真心接受。

◎ 标准要符合公司的目标——使自己对员工的要求能够和自己要达成的目标一致。

◎ 标准要清楚而具体——用文字明确界定各项标准，不要以为大家对同一个词的认知都相同。

◎ 举行正式的标准发布会——在会上宣布新的标准并且把新标准奉为行事规范。让公司上下都参加发布会，而且要让气氛轻松愉快。

◎ 赋予员工新的责任——要求他们达到新标

准的要求。

◎每个月强调其中某项标准——对这项标准加以特别宣传与引导或为员工提供基本训练，比如可以通过角色扮演等教育训练方式来举办论坛。

◎定期更新服务标准——这样服务规章才能与时俱进，不过时、落伍。

顾客战术 2　实施售前、售后的查访

如果你的经营活动中有与顾客预约拜访时间的环节，就可以通过拜访前和拜访后的电话查访，大幅提升顾客满意度。

如果是在拜访前几天向顾客致电，你可以做下列几件事：

◎确认日期与时间。

◎再次检视顾客的要求与喜好。

◎提供初步报价。

◎回答顾客问题。

◎说明自己可以提供哪些优惠条件。

如果是在顾客使用产品或服务后几天致电，你可以做下列几件事：

◎ 询问顾客使用后的成效。

◎ 提醒顾客之前同意过的后续工作。

◎ 询问顾客接受服务的水准如何。

◎ 感谢顾客跟自己往来。

拜访前和拜访后的电访对公司来说都是大好机会，可以让顾客感受到公司是以顾客为导向的。这也是提升获利的大好机会，因为它能帮你找出任何浮现出来的问题并加以修正。电访除了可以用来促销配套商品，也能请对方向亲友推荐。通过访谈你还可获得顾客的正面意见，借以找出组织中服务表现杰出的成员等信息。

顾客战术 3　把顾客纳入巡视范围

静下来几分钟，仔细想想，上次自己拜访顾客以了解他们对于跟自己往来是否满意，到底是多久以前的事呢？如果没有做到定期拜访顾客，请务必改正过来。因为要看出自己能否确实满足顾客的需求，唯一的办法就是和顾客互动。

组织可以采取下列几种方式和顾客互动：

◎随机选择上门的顾客——有些顾客在店里的走道上来回走动，正在考虑自己要购买哪些商品，此时你可以上前了解一下他们的想法，跟这类顾客谈话能让你了解对方的需求。

◎选择已经跟组织建立稳固关系的顾客——亲自拜访他们。询问顾客的目标与需求，了解自己是否满足了这些需求，还要询问顾客遇到了哪些问题以及目前的状况如何等。

◎选择初次上门的顾客——拜访顾客，给对方留下深刻印象，使对方在未来愿意再次跟自己往来。跟顾客讨论他们的期望，并且记录下来，然后跟员工分享。这样做可以给顾客留下深刻的印象。

总之，拜访顾客可以与他们建立互动关系，让你了解给顾客提供的服务是优还是劣，也可借此找出哪些方面需要改进。跟顾客讨论他们的期望，并追踪自己是否达成顾客的期望，这样可以大大提升顾客的认同感与满意度。

顾客战术 4　在关键时刻要说出关键词

如果能够设法让顾客相信跟你的组织往来是明智的选择，就可以大大减少顾客的焦虑。要做到这点有个很有效的办法，就是创造一些关键词并在适当的时机对顾客说出最合适的关键词。

所谓关键词，就是可以强化顾客满意度的用语，一定要创造出一套自己专用的关键词。通过以下 5 个步骤，你可以创造出自己的关键词：

◎再次检视关于顾客满意度的调查报告。

◎根据顾客在调查中的回答，判断顾客最重视哪些问题。举例来说，你可能会注意到，大多数顾客都希望能加快交易速度。

◎想出适当的服务补救用语，这在交易出现问题时可以派上用场。比方说："对于延迟交货，我们深感抱歉。之所以造成延迟是因为发生了不可抗力的状况，由于我们未能达到应有的服务水准，请容我们以免费的_____来聊表歉意。"

◎训练员工用适当的方式在适当的时机使用这些关键词。

◎鼓励所有成员好好运用这些关键词！

有一种方法很有帮助，就是提醒员工运用关键词的真正目的是要及早察觉顾客的不满，以免不满演变成严重的抱怨。在关键时刻使用关键词，可以让组织呈现出最好的面貌。如果顾客购买的是高价产品并且期待获得量身定做的服务，这样做尤其重要。错误是难免的，但是只要组织能在错误发生时立即加以处理，就能让结果截然不同。

即便是直截了当地说"我很抱歉我们的服务让你失望，请问我们怎么改善比较好"都是很有用的。这表示你承认自己有待改进，也能为你带来改正错误的机会。只要企业能做到这一点，就能赢得顾客相当程度的尊重与信赖。

要在适当时机运用关键词，可以参考下列架构：

◎A——招呼顾客——在问候时要尽可能叫出顾客的名字。

◎I——自我介绍——向顾客介绍自己和自己在组织中负责的工作。如果情况允许，还可以花几分钟说明自己拥有哪些专业证件和接受过哪些训练，借以建立顾客对你的信任。

◎D——持续跟进——说明自己要采取哪些做法、每个步骤分别要花多少时间以及能够达成哪些预期成果。这样可以消除顾客的疑虑，让他们更放心。

◎E——清楚说明——详细解说有哪些部分你一定能做到，并让顾客了解目前的状况。如果顾客希望了解相关的基本资料，你甚至可以推荐他们去浏览你的网站。

◎ T——诚心致谢——感谢顾客选择跟自己往来。

如果能妥善训练每位员工，让他们在跟顾客互动时擅用 AIDET 的方法，就可以持续让顾客满意，而满意的顾客正是卓越企业的根基。

关键思维

售前、售后的电访能让顾客享受到超乎预期的服务（他们非常乐见这样的服务），而超乎预期的服务则会带来丰硕的营收（这是你所乐见的）。着手进行电访对各方来说都是双赢。

我所能想到的让顾客感受到你真心关注他们需求的最好办法就是回访，而这也是最容易的办法之一。只要顾客相信你真心关注他们，难题便迎刃而解，长青绩效也就指日可待。

如果没有让自己和员工可以在不同状况下运用的关键词，就可能会影响组织的盈利。员工在努力推销产品和保护品牌时，必须懂得如何平息顾客的愤怒，还要让满意的顾客更加满意。要让组织以及员工尽可能地和顾客频繁互动，最有效的方法之一是为组织找到合适的关键词。关键词对企业帮助极大。

采取实证领导的好处是，不仅顾客会觉得跟你往来可以持续享有绝佳的体验，员工也会有同样的感受。满意、忠诚的顾客和满意、忠诚的员工其实是一体的两面，而这完整的一体能够换得长青的绩效。

——昆特·史图德

做老板一定要想清楚的 12 件事

Paid to Think

A Leader's Toolkit for Redefining Your Future

·✺ 原著作者简介 ✺·

大卫·戈德史密斯（David Goldsmith），领导管理学专家，顾问公司戈德史密斯机构的共同创办人与总裁，同时也是娴熟的专题演说家及企业顾问。毕业于美国雪城大学，担任纽约大学教授超过 12 年。发表关于企业经营的文章超过 500 篇。

萝莉·戈德史密斯（Lorrie Goldsmith），戈德史密斯机构的共同创办人，协助机构在全世界提供领导力发展训练、顾问服务和相关教育资源开发。

本文编译：黄玩

主要内容

企业因思考而卓越

在构想付诸行动前，领导者的全局思考能力越好，组织取得更高报酬、降低风险并减少成本的几率就越高。成为具有企业思维的人，可以为现在与未来的你创造你一直梦想的人生。而你所有的决策都源于你的思考能力。

从实务层面来看，如果你是一个经理人，你该做的工作就是思考。可接下来就产生了这个问题："你该思考些什么？"

事实上，身为领导者，你能够为你的企业增加价值的地方就在于下列 12 项核心事件：

构成企业思维的12件事

制订策略：

①当你为了前进而开发新计划的时候。

②当你创造出新产品和服务的时候。

③当你建立新同盟的时候。

④当你策划运用新科技的时候。

致力学习：

⑤当你取得新知识的时候。

⑥当你强化自己的全球认知的时候。

⑦当你观察竞争者并有所回应的时候。

绩效表现：

⑧当你身先士卒带领员工完成目标的时候。

⑨当你授权让员工完成更多任务的时候。

⑩当你鼓励创意与革新的时候。

⑪当你增加销售量的时候。

展望趋势：

⑫当你准确预测未来的时候。

上述各类领导思考维度可以被整合成一套"企业思维"法则。这套企业思维的结构能够提供实用的架构与一组工具，让你可以对面临的挑战进行富于建设性且有效的思考。总而言之，企业思维能帮助你把该做的事做得更好——协助你像个领导者般地思考。

关键思维

企业有时候……因为运气而有卓越的表现，但大多数时候还是因为有头脑。

——沃伦·巴菲特，美国投资家、企业家

你绝不能低估三思而后行的价值，尤其是当你将要对某项行动方案投入人力、资本、时间和声誉的时候。

——大卫·戈德史密斯

一　制订策略

　　不论你是否察觉，绝大多数的时间里你都在制订策略。制订策略就是思考如何改善组织及强化竞争优势。要把策略订得更好，就必须学习开发更优越的策略计划，创造赚钱的新产品和服务，建立更好的同盟关系，以及运用科技促进组织的运作。

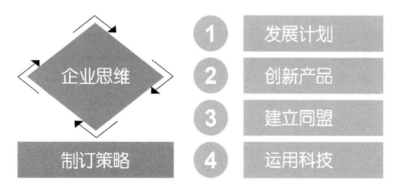

制订策略 1　发展计划

　　要推动事业前进，就必须发展绝佳的策略和战术计划，厘清想达成的目标，并设定达成目标的计划。这类计划通常包含下列 3 个方面：

（1）订立策略——你选择的策略将决定公司前进的方向。按照惯例，经理人会决定一项策略，然后研究需要哪些战术才能让该策略奏效。这种方式的问题是，你最终可能只是在尽一切努力往错误方向前进。如果企业想用更健全而完备的方法订立策略，要采取以下 5 个步骤：

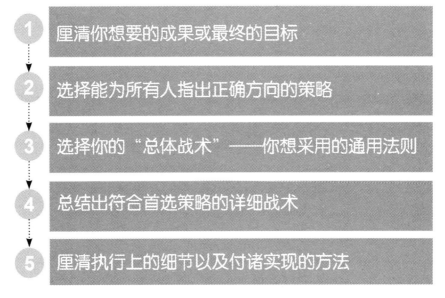

1. 厘清你想要的成果或最终的目标
2. 选择能为所有人指出正确方向的策略
3. 选择你的"总体战术"——你想采用的通用法则
4. 总结出符合首选策略的详细战术
5. 厘清执行上的细节以及付诸实现的方法

（2）选择最佳方案——这些方案可以让你的组织升级，取得最新技能，因此必须取得这些方案。这些方案是企业在战场上保持竞争力的根本支柱。为了持续强化运作能力，你必须不断选择能够提升运作能力的方案，为此，你必须评估：

◎需要多少人力。

◎需要投入多少时间。

◎方案对绩效的影响。

◎预期的回报或投资报酬率。

◎所需的资金额度。

你可以根据这些因素建立一份排序表，厘清公司应该采取哪些方案才合理。当你弄清楚哪些方案能让你获得最大成效，接下来的重点就是选择适当的人去执行每项方案。注意别把员工分派得过于分散——别让他们同时参与过多方案。有经验显示，决策者手上同时进行的高度优先项目不超过两个时，员工的工作最有效率。同时还要避免一个致命的错误，就是当你的员工还没有做完手头的工作时，别让他跨到另一个方案去。

（3）安排优先顺序——你必须建立一种心态，就是完成正确的事比完成所有的事更重要。每个人都有一份渴望完成的事务清单，也会有一份较短却必须完成的任务清单。所以，你需要明智且熟练地设定任务的优先顺序。

如何从一堆琐事和任务的清单中理出可行的时间管理系统，以下是一套完善的方法：

◎用日程表和每日工作计划表列出所有的任务。

◎在前一天晚上，利用自己思路清晰的时候，规划第二天的工作。厘清每日工作计划表中，哪些项目是第二天的优先任务。

◎将第二天60％的时间用来做好活动安排，将剩下40％的时间作为其他突发事件的缓冲时间。

◎要以"今日事今日毕"的态度度过每一天，绝不拖延。

◎实践你的计划，尽力完成每天的优先任务。

◎用安排工作的认真态度，安排非工作性质的活动。

◎在每天晚上拟订计划时思考大局。分析每

天有多少时间具有生产力，又有多少时间被白白蹉跎。每天都要找出你可以放弃的较次要项目，这样你才能在第二天承担更多的优先级别高的项目。

◎别忘记安排时间思考。毕竟这才是你真正该做的事。

关键思维

别把动作和前进混为一谈，摇摆木马一直在动却不会前进半步。

——阿尔弗雷德·孟塔培，哲学家

企业竞争和达成绩效的能力，有 80% 是靠制度和结构驱动，只有 20% 是靠员工驱动。

——大卫·戈德史密斯

制订策略 2　创新产品

许多经理人误以为创造是一种有机的过程，认为创造是随机产生的，所以无法系统化。这是件糟糕的事，因为这等于把公司前途交给命运和猜测。更好的方式是用漏斗筛选法来提升成功的几率：

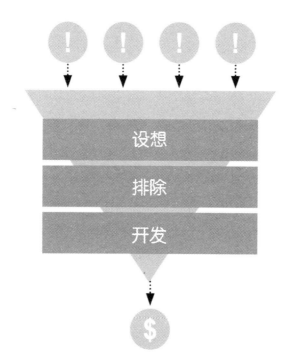

从漏斗顶端尽可能多地倒进收集到的创意想法，这些想法必须直接对应你的策略。收集充足的新产品构想之后，再通过下列 3 项不同的过滤器或活动进行筛选：

◎设想——建立新构想必须达到的各种标准，并排除那些明显不可能达到标准的构想。

◎排除——接下来你要根据策略的适当性、可行性、市场吸引力或可能造成的绝对竞争优势，决定哪个是最值得开发的构想。

◎开发——建立跨部门的团队，进行原型产品测试，并且部署最后的细节和必要条件。接着就可以进行后续的追踪与检视，形成知识和专业技能。若要跟得上时代，你必须一直不断创新。这件事能够也应该以系统化的方式进行。

制订策略 3　建立同盟

盟友和供应商、客户、分销商不同。他们能运用自己的资源帮助你的组织，让你比孤军奋战时更快实现你想要的成果。同盟是成长或进步的引擎。

建立同盟的最普遍原因是：借此取得新的销售渠道、获得更好的新技术、创造新的综合成效。

同盟有 5 种不同的形式：

①特别或短期同盟。

②集中资源的联合组织。

③针对某项特定专案的合资事业。

④拥有多项专案的长期合资事业。

⑤并购。

要将同盟做得更好，就要拟订一份盟友必须符合的标准清单。接着可以根据对方是否符合标准，相当快速地筛选出可能的盟友。在你做这件事时，要运用和创新产品相同的漏斗筛选法：

◎收集大量各种你希望与之结盟的公司。

◎用事先拟好的标准筛选可能的对象，找出最适合的日标。

◎对于获选的盟友，你要用一种对组织有利的方式来架构同盟关系、建立营运模式，展开行动并进行后续追踪检视，以评估同盟成功与否并决定接下来的步骤。

不管你何时何地想建立同盟，总是会牵扯到人性层面。注意那些破坏同盟关系的致命因素，其中可能包括：不确定性、漠不关心、夸大不实以及其他可能互不兼容的因素。

制订策略 4 运用科技

新科技会不断出现。身为领导者，你必须留意目前最能够帮助你提升组织绩效以及帮助企业在未来获得更有利位置的新方法。简而言之，运用新科技可以让你：

◎ 从现有资产中得到更多产出。

◎ 创造员工喜爱的改变。

◎ 对产出有更多的掌控。

在运用科技时需要取得平衡，如果运用过多，就会造成资源浪费；如果新科技不足，又会让你难以达成目标，所以，你要取得恰到好处的平衡。

同样，漏斗筛选法也可以成为一项有用的管理工具。先收集大量科技选项，接着一一排除对你的企业没有意义的项目。

做这件事时要记住几个要点：

◎ 当你在选择一项新技术时，一定要有跨部门的考虑。确定它对每个部门都有帮助，而不是只有一两个部门。

◎ 要把科技当作工具，而不是把它视为目标。

◎ 要选择能帮助你解决现存问题的科技，而不是购买之后再找要解决的问题。

◎ 要购买能够帮助实现未来成长目标的科技。

◎ 科技有多种运用方式，在进行技术升级活动之前，一定要确定你已发挥既有技术的最大效用。

二　致力学习

身为领导者，你不是在了解某个议题，就是在汲取与该议题相关的知识。大多数的领导者总是把大部分时间花在了解更多议题上，却没有用足够的时间学习实际的专业知识。想改变这种情况，就要了解如何获取新知、强化全球认知，以及谨慎观察竞争对手的方法。

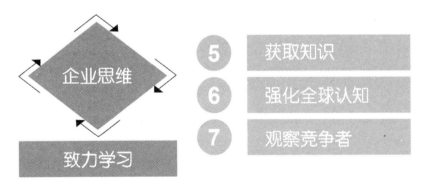

致力学习 5　获取知识

许多领导者觉得区别知道和了解知识是困难的。例如，你或许在某份商业期刊读到一个非常棒的新构想，接着便感到纳闷，为何不能简单发布一道命令立刻实现这个构想。仅仅知道某个构想，并不代表你了解实现这个构想所涉及的复杂因素。执行需要深度的知识。你不但要知道，而且要拥有知识，这是有效领导的内在要求。

知道某个构想或观念和拥有足够知识并把它有效运用到企业里，其中的差别可归纳为下列5项：

（1）时间——为了取得深度知识所投入的时间。你必须排出时间，把花在知道上面的时间用在亲身参与知识创造的活动上。

（2）努力——是否取得一手知识或向该领域的经验丰富人士取经的努力程度。

（3）团队——对该领域了如指掌的人数。拥有优质学习经验的员工人数，显然越多越好。

（4）整合——把各种知识及资讯加以整合的能力。

（5）实用性——你所拥有的资讯中，深度内容相对于表面资讯的比例。

虽然知道某些事物本身也有其价值，然而，拥有真正的深度知识才是更有价值的事。为了你自己和你的事业，你必须厘清哪些事你只需要知道，哪些领域你必须建立深度的专业知识基础。

　　你还应该发展一份学习计划，具体列出你付出多少时间、努力和资源用来知道一些事情，或是获取对新事物的知识。

　　以下是一些好方法：

　　◎ 倾听和你做生意的人的意见——要求他们对你正在面对的问题和期待的解决方案提供真知灼见。

　　◎ 多到处走动——走出去，亲身体验与员工之间的互动以及机构内部的运作。辨识你所发现的优缺点。

　　◎ 成为你自己的顾客——亲自购买商品或是雇用某人帮你做这件事。查明员工言行是否一致。

　　◎ 要求员工阅读财务报表——然后定期发布

损益表和资产负债表。帮助每个人了解他们的行动会造成的财务影响。

◎从不同的角度观察——当有人去度假时，在他们不在的期间扮演他们的角色。尽可能从多种不同角度观察你的企业。

◎为了求知而阅读——要求每个人阅读报纸、商业期刊，并从中寻找有趣的构想和议题。

当你找到一个自己必须深入了解的议题时，你可以：

◎进行深度阅读——寻找谈论该议题的书籍，并从他人的经验中学习。

◎寻找相关的延续性教育机会——借此机会得到该领域专家的指导。

◎研究历史上的伟大思想家——从他们的思想、价值观和想法中学习。

◎研究儿童电玩游戏——从电玩游戏中学到的东西之多令人惊奇。很多最新的游戏在教导玩家拟订策略和协调合作上具有非常优异的效果。

◎ 利用 YouTube 和其他网上资源——为你有兴趣的议题寻找更多资讯。

◎ 取得多元学习资源——这样你可以从较可靠的资源中取得资讯。

关键思维

我们常常自以为了解某些事，但事实上我们只是知道而已。把知道当作了解知识，正是你无法推动构想实施时，让你对自己或员工感到失望的原因之一。它同时也是让看似深思熟虑的计划偏离轨道或让结果不如预期的原因。虽然"知道"有它的好处，但是阻碍进展的因素有时不是缺乏战术、时间或金钱，而是欠缺深度的知识。

——大卫·戈德史密斯

致力学习 6　强化全球认知

今日发达的资讯科技可以使你接触来自全球

各地的最佳构想和最可行的解决方案。如果你增进自己的全球认知，就会提升自己的领导能力，使自己成为更好的决策者，让你的企业处于更积极主动的地位。

如何强化全球认知呢？一种可行的方法是依照以下思路：

◎ 在非正式的场合收集全球资讯——例如在午餐时听员工分享他们听到、读到或在旅行中体验到的关于发明的新鲜事或其他国家的文化习俗。

◎ 要求员工讨论和思考——邀请他们对如何在本地运用来自远方的想法，提出自己的看法和建议。

◎ 拓宽视野——找出其他你该纳入考虑范围的资讯或其他你该找来参与讨论的人。

◎ 找出运用你学到的东西的方法——你是应该从其他国家寻求原始材料，还是改变作业流程，在其中加入在其他地方有效的绝佳构想？找出让你的全球认知产生实际效用的方法。

一旦这个思路开始运行，你的全球认知范围就会自然地得到扩展。

关键思维

取得全球认知不只是要对不同于自己的文化产生更多包容，虽然包容对你是有帮助的。你做这件事也不是为了在国际上销售产品，虽然全球认知会让它变得更容易。你也无法仅凭空谈多元化的观念就强化全球认知，并且希望有一天它会神奇地产生成果。在这个逐渐融合的世界里，形成全球认知并且持续获取新知，对制订优秀的决策而言已成为不可或缺的元素。

——大卫·戈德史密斯

致力学习 7 观察竞争者

竞争情报——观察竞争对手并从中学习——在今日已成为必须进行的活动。有时候它必须经过高度设计，然而有些企业却用比较随性的态度对待它并因此错失一个推动企业成长的机会。

建立健全的竞争情报流程通常包括 6 项基本步骤：

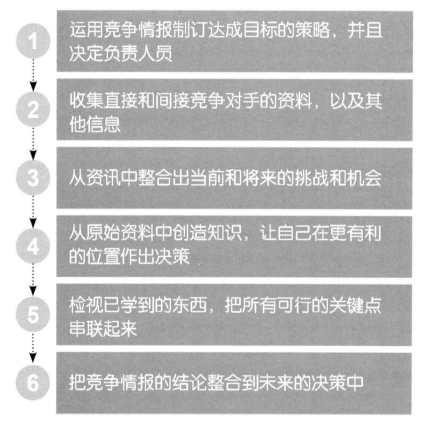

1 运用竞争情报制订达成目标的策略，并且决定负责人员

2 收集直接和间接竞争对手的资料，以及其他信息

3 从资讯中整合出当前和将来的挑战和机会

4 从原始资料中创造知识，让自己在更有利的位置作出决策

5 检视已学到的东西，把所有可行的关键点串联起来

6 把竞争情报的结论整合到未来的决策中

◎收集竞争情报的唯一目的就是要达成组织目标。确定目标位于首要而核心的位置。这不只是观察他人行为的学术活动，而是收集能改善决策的资讯的行为。

◎决定资料收集是一次性的行动，还是必须在定期且持续的基础上进行。厘清参与的成员以及资料分析和储存的位置，以备日后讨论。

◎当你收集好资料之后，就要对其加以整理。这项作业的重点是筛选出不相关的部分、排除多余的细节、发掘并凸显趋势、强调落差、编写统计报告，以及建立能够帮助每个人了解这些资料的图表。

◎从这些资料中创造知识。也就是串联所有的关键点、对你的假设提出质疑和形成结论。

◎将一切汇整好之后暂停一下，对所得的成果进行实质检验，这么做是有帮助的。要彻底而完整地进行检查，寻找模式中的任何错误资讯。要确保成果完整无缺，并将所有的关键点联系起来。

◎将竞争情报纳入决策。只是要记住竞争对手不会停滞不前。不要假设他们明天的行动仍会依照过去的做法。要以历史为鉴，也要预期未来会有变化。

确定将所学到的内容分享给公司的其他员工，让他们也能因你的努力受益。这么做除了帮助他们作出更好的决策外，还可以帮你节省金钱，因为他们不必再重复你的研究。把竞争情报的资料纳入所有的策略制订过程。

同时要切记竞争对手也会收集关于你的竞争情报。他们会试着找出让你无法在业界立足的方法。尽可能地稳固你的防御措施，看看是否可以散布一些错误资讯以摆脱他们对你的追踪。

关键思维

威胁和机会随处可见，你处理它们的方式将导致企业更强大或更衰弱，这也是建立良好竞争情报作业流程的重要原因——不论是自行建立还是从外界厂商取得。

——大卫·戈德史密斯

三　绩效表现

　　领导者的责任之一就是帮助员工以最大生产力及最高效率去执行他们的计划。如果你想更有效率地执行计划内容，就要学会身先士卒、授权员工在自己的行动方案上作出适当的决策、设法带动公司进行全面革新并且持续销售你的构想和目标以及你的产品和服务。

绩效表现 8　身先士卒

　　身为领导者，你必须创造适当的氛围鼓励每个人采取行动。要达成这项目标，以下是 5 项实用的步骤：

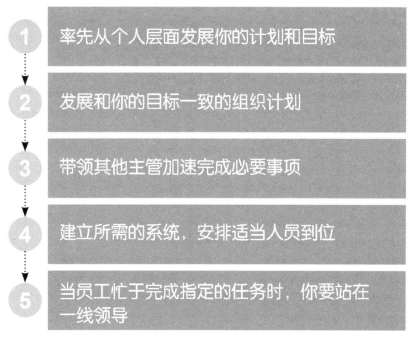

1	率先从个人层面发展你的计划和目标
2	发展和你的目标一致的组织计划
3	带领其他主管加速完成必要事项
4	建立所需的系统，安排适当人员到位
5	当员工忙于完成指定的任务时，你要站在一线领导

◎ 展开内部对话。你要观察目前的情势，决定如何运用才能发挥优势，为公司和自己的职业生涯设定想要的目标。

◎ 决定企业想要达到的成果以及为追求成功所需的策略和战术。

◎ 找到其他主管加入这项行动，以推动事务的进展。

◎ 建立所需的制度，安排最佳的一线人员执行新战术。

◎ 坐镇现场，确保事情顺利进行。你要控制事情进展的方向，在员工学习如何执行时，给他们提供教导、指引及建议。

绩效表现 9　授权给员工

要授权给企业里的员工，让他们能协助你展开工作，你应遵循的步骤如下：

◎ 做出通盘计划，让你的人员调度符合企业的整体策略及预期成果。你要找出适当人选，然后专注于：

- 你预期的成果。
- 公司首选的策略。
- 你喜欢使用的总体战术。
- 你希望员工每天执行的例行战术。

如果在把计划彻底想清楚之前就急忙进行指派，最后所得结果可能会比完全不做还糟糕。你要有一个坚实的基础才能向前迈进。

◎ 建立配套方案——也就是建置一个包含各种制度、结构和资源的环境，让员工有能力完成你要求的工作。这里的关键是要制订一份完整而实用的计划，但又不要使内容琐碎到让员工觉得绑手绑脚或过度管理。在你要求员工亲身面对顾客前，确保每个员工都有机会通过制度建立技能及实务技巧。

◎实际转移权力。在这个阶段，你要谨慎地根据事实而不是对员工的假设来制订决策，因为后者在之后可能会被证明是错误的。在这个步骤中，你要确保每个人都知道自己被期待做的事、被评价的方式，以及成功时会得到的奖励。

◎扮演多重角色。以为转移权力给员工就不用再负责或许是个不错的想法，但根本不是这么回事。若要确保员工步入正轨，你必须持续地对他们进行指导，监督他们的作为，还要根据市场上的变化随时调整计划。最后你的角色可能会变成：

· 审查员——纯粹追踪他们的成果。

· 积极推动者——成为他们的啦啦队。

- 顾问——对他们持续提供指导。
- 教练——持续训练他们。
- 导师——协助他们发展职业生涯。

如果你聪明的话，你还能利用授权给他人的机会，在组织中建立透明的升迁渠道。利用扩增职责帮助员工发展他们未来晋升管理阶层时需要的领导能力和非领导能力。如果你表现得平易近人、很好沟通，你就可以把这件事做到最好。你要确保运用了各种训练方法，可以让员工通过实务学习新技能。

关键思维

虽然小公司的领导者有时也会从事具体工作和负责执行事务，但是每位领导者都必须依靠其他人来执行战略行动的某些部分。因此，给执行人员提供的装备越好，对整个公司也会越有利。

——大卫·戈德史密斯

绩效表现 10　全面革新

对目前商界中的任何企业或渴望明日还能持续经营的企业而言，创新都是不可或缺的。你必须开创一种创新文化。达成这项目标的最佳方式为：

1. 建立创意银行，奖励提出创新构想的人
2. 支持成形的构想——鼓励员工提出新产品的构想和建议
3. 每当你选择开发一个构想时，都要提供回馈——这样员工才能学习
4. 在构想尚未进行真正的尝试前，绝不要认定它们是没用的
5. 对新进人员采取开放的态度——他们通常具有最好的构想和建议
6. 随时注重推动构想，而不是推翻它们

如果能做到这些简单的事项，你就能建立一种文化，让创新不仅受欢迎而且得到高度肯定。创新会以各种不同的形式呈现——例如改良既有

182

的事物、改变产品使用方式或是进行革命性的突破——接着你会了解如何采纳新构想，再投入适当的资源和时间来加以发展。有多种方式可以帮你实现这个目标，所以你要做的是如何落实适合企业的计划。

创新会明显加速和提升企业的运作活动，因此，你的工作就是鼓励全面革新。为此，你要做到以下各项内容：

（1）培养自己创新的态度——在各种不同的思考活动中，你都要鼓励采用创新方式。保持创新，其他人就会效法。

（2）教导其他主管也要创新——借此让下一代领导者拥有创新的经验，并了解如何付诸实现。

（3）让员工觉得可以安心表达意见——无论企业员工在何时何地说出新颖的构想，你都要提供正面的回馈，并且进一步让每个人看到自己的构想被密切注意，而不是无疾而终。

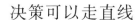

关键思维

创新不仅对策略制订者和新产品开发人员来说意义重大——因为组织要从时速 60 英里的世界进入时速 200 英里的世界，而是对整个组织来说都是十分关键的。要确保它在组织内广泛传播。

——大卫·戈德史密斯

绩效表现 11　持续销售

身为领导者，你必须随时向别人推销自己和你的组织。那么，你应该如何做？采用下列方式是明智的方法：

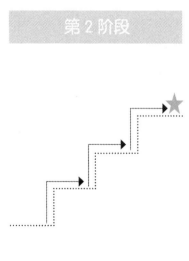

◎ 在第 1 阶段，你要进行事先的规划。思考自身的优势，然后联系组织的目标、首选的战术和想使用的特定战术，预先计划好当机会出现时该如何推销自己的构想，进而奠定成功的基础。

◎ 第 2 阶段是建立契机。你可以规划一些短期的任务——一些小步骤——借此让员工朝正确方向迈进，然后完成交易。你要建立必要的系统和设施，以推销你的构想并在必要时进行监督和调整，然后让员工持续朝计划的方向前进。

持续销售的成功秘诀有一部分来自在适当时机向适当的人推销你的构想。有时候你必须向上层游说，有时则是对下层组织、你的下属主管或其他人进行推销。有时你还必须对组织外的人进行推销。牢记这点后，你就可以用以下方式把推销做得更好：

◎ 要先努力推销自己，再推销你的构想。如此一来，你会有更大的影响力。

◎ 有新的销售工具时，就要准备好加以运

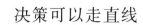

用。随时注意那些能够强化自己影响力的工具。

◎认清情势。了解所有你必须遵守的不成文规定和法律规范，并注意其周期及截止期限等内容。

◎随时注意可以让组织大幅跃进的计划。你或许可以为此做没人愿意尝试的工作或某种异乎寻常的事。

◎磨炼并提升你的口才。在公开场合讲话要有自信。

◎学习如何讲述吸引人的故事，而且经常这么做。

◎为人可靠。员工会愿意追随了解自己在做什么的人。

◎经常为员工提供不同选择。

◎提出解决方案，而非抱怨或更多质疑。

四　展望趋势

领导者的关键责任之一就是能够前瞻未来，为组织美好的未来奠定基础。具体而言，你必须纵观全局，针对目标作出决策。想作出准确的预测，就必须了解经济、政治和科技的发展，以及未来全球贸易模式及趋势的改变会对企业产生的影响。

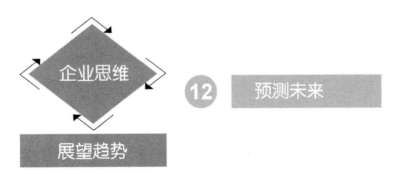

展望趋势 12　预测未来

当你反复思考后，你就会了解目前组织的处境就是过去决策的结果。想为未来创造绝佳机会，就要在今天作出正确的决策。预测未来并不难——你只需要适当运用下列 3 项要素：

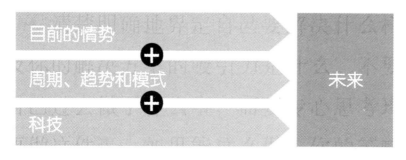

◎ 周期是指按照时间顺序重复发生的事件。

◎ 趋势反映着企业前进的动态。

◎ 模式是指不断重复的事件。

在一定程度上，这些全都可以被准确地预测，并且在建立未来的愿景时被纳入组织的考虑范围。你在做这件事时要找出触发事情的关键——也就是导致某种趋势开始加速的独特事件。如果你可以看到触发事情的关键即将来临，就可以相当准确地预测未来。

以事件为基础的预测模式尤其有用。做法是：

（1）将观察对象分解成许多组件。

（2）针对每个事件，决定你必须观察的时间长度，这通常就是产品的生命周期。

（3）分别预测每个事件的未来。

（4）将一切判断整合成一份对未来的完整的预测报告。将所有事件联系在一起会让你对自己的产品或企业的未来产生宏观的见解。

的确，展望趋势永远不是一门精确的科学。要证明你对事件的看法的合理性，必须同时根据你对下列 3 个问题中假设情境的回答进行判断：

◎万一预测全部成真时如何？

◎万一只有部分预测实现时如何？

◎万一所有预测完全失误，而另一种明显不同的情势产生时又当如何？

如果你投入时间和精力，创造出包含这 3 种情境的 3 种计划，那么你就有 3 种可行的方案可供使用，从而帮助你的企业做好准备迎接未来。

如果你积极并定期地预测未来，你就会强化企业在各方面形成的企业思维的表现：

◎制订策略——准确预测未来的机会和挑

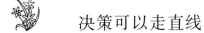

战，就可以通过有利于企业未来发展的方式发展计划、建立同盟和学习运用新兴科技。你会作出更明智的决策。

◎致力学习——预测未来会给企业提供更宽广的视野和更多的掌控机遇，你会因此进行更积极的决策，而非被动回应。

◎绩效表现——如果你的企业因为预测的技术得以在未来存活，你就可以努力培养那些能够带领事业前进的下一代领导者。你也可以现在就采取行动，授权给那些未来的新兴领导者。

关键思维

你今天所作的决策将创造组织的未来。因此，你预测明日挑战和机会的能力会直接影响你目前如何制订策略，进而成为决定组织未来数月或几年内营运和竞争状况的重要原因。

——大卫·戈德史密斯

通过预测未来，你可以强化所有企业思维的

表现，并且为组织创造一种先前无法想象的光明未来。预测未来是非常必要的工作，它也是许多组织兴衰成败的关键所在。

　　成为具有企业思维的人可以让你创造出现在及未来你一直梦想的人生。你无法回到过去，但是明天你还有机会。换句话说：你无法修补昨天，你只能创造明天。你现在已拥有创造明日梦想的必备工具，现在就是你创造明日的时机。

——大卫·戈德史密斯

领导者最重要的工作就是思考

对于企业领导者而言，只有领导不断思考，才能鼓舞团队朝正确的目标发展，并进一步达成公司的目标。当这套思考策略与销售逻辑建立起来之后，就如同生产线一般，绩效可望源源不断地产出。

毫无疑问，领导者最重要的工作就是思考。全球华人竞争力基金会董事长石滋宜博士就曾经强调系统性思考的重要性，他认为，领导者唯有全盘思考，才能够产生具备合理性的行动方案，展现执行力。

同时，外界在解读微软公司创办人比尔·盖茨的成功关键时，他善于思考这一点也是被大家公认的正向力量。每年，他都会安排一定的时间进行思考，也由于这个习惯，他能洞察市场趋势，并进一步组织团队与资源，创造了微软公司在个人电脑软件产业的龙头地位。

《做老板一定要想清楚的 12 件事》教导我们一件事情，就是领导者应该学会如何通过思考方法，制订足可克敌制胜的策略方法，如何通过学习不断地增加思考的全面性与有效性，并且通过卓越的领导技巧以及预见未来的能力，带领团队取得最佳的工作成绩。

1. 拟订策略，决定正确方向

从企业营运的层面来看，策略的制订相当重要，公司必须将纲要建构出来，所有的工作者才能有所依循，才能找到方向感。

领导者必须面对的重大挑战就是如何洞察消费者心理、市场趋势，在所处的竞争环境中建构起一套策略方针，使企业趋吉避凶，找到市场含金量最大的部分，趁势而上，而非逆势而为。

因此在拟订策略时，营运者必须先思考市场态势，找出企业的发展方向，随之创造业绩所凭借的创新产品也必须一并规划出来，这样才能吸引消费者的目光。企业还要巧妙地运用身边的资源，通过可能产生综合效果的组合，创造出彼此双赢的局面，不仅让消费者或客户满意，让企业自身也可以获得更多的支持。

我们发现科技工具对于提高企业生产效率与增加企业成功机会有越来越大的帮助。举例来说，善于运用网络社交媒体影响力的新兴企业，很可能短时间之内就能获得超越百年老店的知名度与认可度。同时，更让我们感到惊喜的是，如果科技工具被运用得当，它所创造的效益很可能并不逊于传统媒体或工具，但花费却往往远低于我们的预期。

2. 扩大视野，向世界与竞争者学习

任何人都不能反驳，知识可以造就成功。卓越的领导者除了需要有经验与判断力之外，更重要的是还要能源源不断地吸取新知，这样才可能使企业争取到领先的位置。

尤其关键的是，这个学习功夫指的并非广泛的资讯，而是指针对特定的主题，能够深入阅读、解析，形成一套完整的知识架构的能力，这个架构足以禁得起反复的推敲思索，同时可以帮助企业解决现有的问题与未来的隐忧。

同时，领导者的知识眼界不能只局限于身边的环境。在快速流动的全球资讯与学习机会中，如果你具备足够的辨识能力，往往就可以从其中求得珍宝，带领团队更上一层楼。

另一个重要的学习对象就是竞争者。竞争者跟你同处于一个市场之中，面对具有同样属性的消费者或客户，他们所学到的经验与知识，常常会反映在他们的企业行为或是问题处理方法上，如果你能以对手为师，有时候就会有所触发，找出更优的方法。而观察竞争者的另一个重要益处就是，你能够随时掌握对手的动态，并在适当的时机作出适当的对应，从而掌握先机而不至于落居颓势。

3. 激励士气，推动变革

当逻辑严谨的思考产生之后，更重要的事情就是实践。当方向清晰明确时，团队成员就不会彷徨，而只会专注于他们应该完成的工作并戮力而为。这个时候，领导者最重要的是要能够激励士气，让工作者获得足够的成就感，从而秉持热情将事情做到最好。

如果氛围对了，领导者最好能给予团队充分的授权，这不仅可以避免无意间扼杀团队成员的创意，同时也可以塑造成员的成就感，为企业培养可能的工作主力。有时候，身为领导者的你会发现其实团队的创造力与绩效是远远超乎你的想象的。

而领导者更重要的工作是要能够不断推动变革，让团队在运作的过程中持续接收刺激，避免流于俗套；同时，在组织结构中，任何阻碍创新、降低营运效率的关节，领导者都必须通过变革予以改善，以保持整个团队的活力与张力，至于腐败阴暗的那一面，领导者则要尽快去除。

这一切努力都基于你必须持续推销你自己、你的系统思维以及你的团队的努力。这并非沽名钓誉，而是让相关者如老板、客户、协作单位等都能清楚地了解你的思维、想法与做法，进一步与你的团队熟稔，这样才能将你正在推动的业务变成大家都支持的工作，当助力团队在你周边形成后，你会惊喜地发现，"众望所归"很可能是你迈向成功的最大推动力量，也可为你累积更多的信赖资本，这对你日后推动任何工作都会有所帮助。

实战锦囊

目前在全球具有相当知名度并且获得成功的企业家，有很多都是善于思考的领导者。比尔·盖茨曾经在《财富》杂志上发表文章分享他的工作技巧。其中，思考就是他相当重要的工作方法。

比尔·盖茨说，每年他都会有一到两次的

"思考周"活动，在这段时间内，他会独自住在湖边的小屋里，屏蔽电话、电子邮件等外界干扰，除了睡觉休息之外，他专注于持续的阅读，同时写下心得。他认为，这是他的工作中最有趣的一部分。阅读的内容包括公司最新的研究成果、同事分享的资料以及外界的研究报告。这些阅读与思考的成果往往就会催生出微软公司的新服务或产品。这项持续的思考活动让比尔·盖茨能够专注地吸取新知，同时建构起新的思维系统，"出关"之后，他往往会为团队成员提供新的工作方向与指引。

鸿海集团董事长郭台铭也认为，与其盲目预测，不如具备正确的思维。唯有严谨的思维才能让领导者带领团队走向正确的方向，在正确的趋势与合理的资源配置中发挥最大的营运绩效。

台湾积体电路制造公司董事长张忠谋也曾经说过，培养思考能力是最重要的事情之一。他说："学习只是一种输入，如果没有经过内化的过程，去发展出自己的思想，那就不叫思考。求知心及学习习惯是两项基本能力，若没能在求学阶段及时培养，完全是虚掷光阴。至于思考能力则是更进一步的能力，如果想做些与普通人不同的事，非具备此项能力不可。"

领导者若想带领团队前进，就必须让自身的能力超出团队，领导者不仅要努力学习，还要反复咀嚼与消化所学到的知识并发展出自己的思想，这样才能有领导团队迈向成功的基本能力。

对于思考，成功的领导者都有相当独特的见解，我们还可以举出相当多的例子，但共通点就是，这些领导者都能持续地思考，他们不仅海纳百川，广泛地汲取资讯与知识，更重要的是，他们还积极持续地深化对这些思考素材的认识，运用自己的思维系统将其淬炼汇整，创造出一套独特且能有效领导团队的思维。

身为领导者，你不能不思考。渴望成为领导者的年轻人更需要学习思考方法并建立自己的思

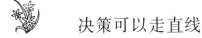

考习惯，这样他们才可能成为持续创造成功故事的领导者。

专家简介

许祥鼎，华若维有限公司总经理，擅长自有品牌的建立与产品营销策略。早年任职于神达电脑股份有限公司，负责自有品牌的建立与推广，成功将 Mio 品牌打造为国际知名品牌，后来加入卫星导航全球市场占有率最高的台湾"国际"航电股份有限公司，凭借其对市场的敏锐观察及对客户需求的重视，制订了合乎亚洲市场的产品策略并引进了跨产业的合作伙伴，其创新灵活的策略大幅提升了公司在亚洲市场的占有率。

前瞻性领导掌握未来先机

思想正确才能准确行动。

领导者的工作千头万绪，如何思考方能做到面面俱到、滴水不漏？

制订适当决策并贯彻执行，不断汲取新知，根据关键事件评估未来趋势并作出应对策略，这些都是对领导者智慧的考验。

要成为有效的决策者，不仅要具备专业能力及良好的判断力，还要能采取步骤防御种种无法避免、可能导致错误决策的扭曲和偏颇。掌握趋势并不是趋势预测专家的专利，所谓的前瞻力并不是灵光一现、随机发生的东西，而是通过观察、分析与思考培养出来的能力。

预见趋势并非偶然，只要利用以下方法培养出前瞻能力，就有办法独占先机。

方法 1：从有把握的地方下手，运用目前已知的"硬趋势"预测未来

未来的趋势具有以下 4 项特性，应详细列出这些变化，据此思考创新的做法：

（1）周期性的变化必然会发生。

（2）过去发生过的状况未来也会发生。

（3）社会与业界的各种"硬趋势"持续发展。"硬趋势"是指从过去的表现可直接推测的未来趋势，例如未来的互联网将更方便用户存取数据，因为这是大家正在努力追求的目标。

（4）各种"软趋势"也在酝酿中。"软趋势"是指所有条件的发展符合预期时未来才可能发生的趋势，例如预测股市明日的涨跌，因为没有一套万无一失的预测方法，所以结果并非总是同预测一样。

方法 2：根据预见的趋势，详细规划策略

你必须学会洞察未来的趋势与契机，提前作出应对。可以从科技进步的 8 个途径预测未来：

（1）去材料化：未来设计出的每项产品都比现在体积小，制作材料也较少。

（2）虚拟化：目前实体世界中的一切，都会在虚拟化的数码世界中重现。

（3）行动化：越来越多装置和服务都将行动化，不受限于地域。

（4）智慧化：越来越多的产品将变得更聪明，可以在问题发生前提醒使用者。

（5）互联网：互联网将继续扩大使用范围、加快运行速度，更方便数据存取。

（6）互动性：今日的消费者喜欢积极参与，而不只是观察。

（7）全球化：每一个产业都将成为全球性的产业，与世界其他行业息息相关。

（8）整合：不同产业、不同产品将持续不断地进行整合。

方法 3：产业转型，利用科技建立竞争优势

要转变产业现况，不妨先审视几个关键

问题：

（1）科技进步的途径将如何影响我的产业？

（2）数码加速器会给产业带来什么样的冲击？

（3）我预期我从事的行业会产生什么转变？

（4）我如何结合新旧科技取得更好的成果？

（5）我如何使顾客有能力做更多他们想做的事？

方法 4：逆向操作，反其道而行

触发前瞻力的绝佳方法，就是留心其他人往哪个方向看，你就朝反方向走。以下是几点建议：

（1）详细列出竞争对手所采取的每项做法，自问："如果我反其道而行呢?"

（2）归纳你所从事产业目前的思考模式，通过逆向操作寻找新的机会。

（3）把每个问题拆解成各个小部分，看看能否逆向思考其中任一步骤。

（4）思考过去沿用的做法一旦过时，你将有何应对方式。

（5）找出自己在公司内部独立负责的工作，自问："我如何与他人合作？"